U0076836

Teaching Children with Autism to Mind-Read: The Workbook

教導自閉症光譜障礙者心智解讀：
工作手冊

Julie A. Hadwin, Patricia Howlin, & Simon Baron-Cohen　著

王淑娟、賴珮如、胡書維　譯

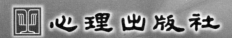

心理出版社

Teaching Children with Autism to Mind-Read

The Workbook

Julie A. Hadwin

Patricia Howlin

Simon Baron-Cohen

各方推薦

「這本書讓大家等待多時，它與 1999 年出版的 *Teaching Children with Autism to Mind-Read* 一書（中文版本：《心智解讀：自閉症光譜障礙者之教學實用手冊》）相較，這個修訂版本增加一些新的課程與概念來指導高功能自閉症孩童的心智狀態。本書所提供的方法乃奠基於之前重要的研究，以及循序漸進的概念和教學步驟。書中內容具多元聚焦性質，包括教導不同觀念、信念與知識獲得等等。也許沒有人會認為教導理解心智狀態可讓自閉症孩童能夠應對所有的社交－認知挑戰，然而眾所皆知的，理解自己與他人的心智狀態對這些孩童、年輕人與成人是非常重要的考驗，這也正是本工作手冊詳盡並有效率所提供之內容。這是一本生動且實用的書籍，將會是家長與教育工作者強而有力的後盾。」

Henry Wellman

Harold W. Stevenson

密西根大學心理學教授

「我們常不自覺地歸因他人的心智狀態，例如：欲望與信念，而且透過這個方法我們可以預測別人下一步可能要做什麼。然而這個能力對於自閉症的孩童與成人卻不是自發性的。不過這幾年的經典研究顯示出他們是可以被教導來學習這個能力的。顯而易見地，這些教導並無法使他們成為自發的心智化者，但確實有助於他們理解無法預測的社交世界。

這本**工作手冊**包含了圖片與故事形式的教學輔助，可用來賦予教師們靈感。最普遍的方式是建立一系列與典型發展一致的技巧；從分享式注意力、假裝性遊戲、觀點取替、欲望理解和更多複雜的訊息性心理狀態，例

如：知識和無知，還有最後的次級複雜信念（例如：他認為她相信他所說
的是實話）。相較於前一版，在此新版工作手冊中擴增許多複雜的心智狀
態內容。

　　這本手冊提供如何教導自閉症孩童與成人關於心智狀態之珍貴意見與
技巧，並且也能夠連結日常生活中社交技巧的教導。」

Uta Frith

英國倫敦大學學院教授

「這本**工作手冊**具作者之著作《心智解讀：自閉症光譜障礙者之教學實用
手冊》的精華，提供以研究為基礎的協定來發展與提升自閉症孩童的心智
化技巧與社交認知。這本手冊延伸《心智解讀：自閉症光譜障礙者之教學
實用手冊》中的課程，提供理解訊息化狀態的原則以及啟發性的故事、例
子與活動；而這些內容均經過科學化驗證、清楚且簡易上手。本書可促進
原則之習得與類化。

　　我極力推薦這本**工作手冊**給家長、老師與臨床工作者，希望他們在處
理有關於自閉症孩童與青少年理解他人心智理論方面時，是立基於精確的
科學知識。」

Dr Ofer Golan

以色列巴伊蘭大學兒童臨床醫療計畫召集人

「自閉症孩童理解他人心智的困難是與生俱來的，而且會全面性地影響社
交發展。這本實用工作手冊應用的研究，顯示出此種發展性的方法也許對
於此具一來一往性質的社交理解是有所助益的。這本書對於家長、老師與
從事自閉症工作的專家學者是非常有幫助的。」

Richard Mills

英國自閉症研究主任

作者簡介

Julie A. Hadwin 是英國南安普頓大學（Southampton University）發展心理學高級講師。她亦是許多關於發展及精神病理學為主題的書籍和文章作者。

Patricia Howlin 是倫敦國王學院（King's College）精神病理學研究所臨床兒童心理學教授。她也是許多關於自閉症介入的書籍和文章的作者，其中包括《自閉症兒童和亞斯伯格症》（*Children with Autism and Asperger Syndrome*, 1998）。

Simon Baron-Cohen 是英國劍橋大學（Cambridge University）發展性精神病理學教授和自閉症研究中心主任，亦是自閉症「心智理論」（theory of mind）缺陷的共同發現者之一。他的著作包括：《心盲》（*Mindblindness*, 1995）、《根本差異》（*The Essential Difference*, 2003）、《自閉症和亞斯伯格症的真相》（*Autism and Asperger Syndrome: The Facts*, 2009）。

譯者簡介

王淑娟

現任：國立臺中教育大學特殊教育學系副教授

　　　私立中山醫藥大學語言治療與聽力學系兼任副教授

經歷：彰化基督教醫院語言治療師

　　　私立中山醫藥大學復健系聽語治療組講師

　　　臺中市市立復健醫院語言治療師

　　　國立彰化師範大學特殊教育學系兼任副教授

賴珮如

國立臺中教育大學特殊教育學系碩士

彰化市泰和國小聽語障巡迴輔導教師

胡書維

英國曼徹斯特都會大學融合教育及特殊教育需求文學碩士

彰化市泰和國小聽語障巡迴輔導教師

譯者序

「人心難測」這句話剛好可以用來形容自閉症光譜障礙（autism spectrum conditions, ASC）者的難處。一個人心裡所想，外人確實很難從外顯的表情行為得知其內心真正的想法或感受，因此，讀心是不容易的，除了需要經驗的累積外，某些時候是需要學習或被教導才能懂人心知其意。ASC者「心智解讀」的困難，是其症狀一大特質，往往也深深困擾著家長及教師。由於無法懂得別人的「心」，常導致 ASC 者在社交溝通上的阻礙，進而影響學習與人際關係，深遠至其成長後的工作以及婚姻家庭。由此可見，盡早在 ASC 者幼小階段教導其學會「讀心術」甚為重要。

基於身為特殊教育工作者一份永久不變之「愛，無礙」的使命感與「溝通無礙」的理念，本書三位譯者著手進行《心智解讀：自閉症光譜障礙者之教學實用手冊》（王淑娟、周怡君、黃雅祺、賴佩如譯，2011，心理）進階版的翻譯工作。從一開始接洽原書作者、中間之規劃，到著手開始真正逐字句的閱讀和轉譯，無不竭盡所能，費盡我們所能找之資源，無非是心中只想著要讓這本工作手冊能盡早完成，好提供給國內教師及家長所用。

此書翻譯得以在十個月內完成，首歸功團隊中的主力翻譯者——賴珮如與胡書維兩位特殊教育老師。兩位是本人擔任教職工作以來，難得遇到的好學生，不但長期投身於身心障礙服務，且持以成為特教教師初衷志向，至今不曾改變，因而平日亦深受大家的喜愛與尊敬。本人有幸能與他們兩位成為師生，並在他們畢業多年之後，有機會一起進行這份如此有意義的工作，在此完成之際，內心之欣喜與充實非筆墨所能形容，謹在此以短短的文字為序聊表致意。

最後，衷心感謝心理出版社的工作團隊。若無出版社的聯繫與諸多協
助，此書絕無法順利出版，謝謝你們～～幕後的英雄們！

王淑娟

目次

Chapter 1 緒論

❖ 心智理論的介紹

　　有自閉症光譜障礙（autism spectrum conditions, ASC）的人在社交互動與溝通上有困難，同時伴隨著重複且刻板的行為，不尋常的興趣窄化也是特徵之一。[1]社交互動的困難包含對人群的漠視與疏離，對於理解與回應社交線索有困難，以及表現出不適當的社交行為。舉例來說，當自閉症光譜障礙者與他人對談時，可能會表現出較少的眼神接觸與有限的手勢。除此之外，他們可能在與他人互動時會表現出非典型的身體姿勢或不適當的距離（例如：笨拙或異常的步態、站得離別人太近，或是講話音量太大聲）。在這些情況之下，自閉症光譜障礙者對於對話之潛規則或理解與他人有效互動時所需之社交準則時常是不足的。

註：本書中的上標數字（[1]）指的是參考書目（內容詳見第 141 頁）；
　　上標符號（*）指的是頁腳註釋。

《教導自閉症光譜障礙者心智解讀：工作手冊》

Teaching Children with Autism to Mind-Read: The Workbook. First Edition.

Julie A. Hadwin、Patricia Howlin 與 Simon Baron-Cohen 著

王淑娟、賴珮如、胡書維譯

© 2015 John Wiley & Sons, Ltd. Published 2015 by John Wiley & Sons, Ltd.

© 2019 心理出版社股份有限公司

心智理論

有效的社交互動需要理解他人的心智狀態，這其中所指的是包括他人的信念、情緒、意圖與欲望。「心智理論」（theory of mind）這個語詞被用來意指身為一個人有能力去理解心智狀態，此功能乃是為了要能夠去預測他人的行為。[2]大量的研究顯示出自閉症光譜障礙者在理解他人的想法與感受，以及對於彼此之間可以擁有與自己不同的想法和感受同時呈現出困難和遲緩。[3]

理解錯誤信念

在相關的研究中，心智理論有一個曾多次被使用的重要實驗，結果發現不論孩童或成人都能夠理解他人和自己擁有不同的信念，雖然有時候這些信念可能是錯誤的。這階段的理解就稱為初級心智理論。Simon Baron-Cohen 和他的同事在 1980 年代發展一個衡量心智理論的作法，稱為 Sally-Anne 作業任務（Sally-Anne task）。[4]這個任務的目標是用來測試各年齡層是否可明白對於他人持有錯誤信念，以及他們的行為和情緒與這些信念之間的關聯性。在這個作業任務*中，Sally 放了一個物品在一個地方，然後在 Sally 不知情的狀況之下，物品被 Anne 移到了另一個地方。關於上述的實驗，一般而言，4 歲以上的典型發展孩童有能力明白 Sally 現在對於這個物品的位置存有一個錯誤的信念：Sally 之所以會認為物品仍在原本她置放的位置，是因為她沒看到 Anne 移動了物品。因此他們預測 Sally 將會在她

---

*Sally-Anne 作業任務是基於 Heinz Wimmer 和 Josef Perner 在 1983 年的實驗。[6]這個任務的操作已有許多改變，像是採用圖片、玩偶和人物（在真實生活情境與以視頻呈現的情節），以便於研究孩童是否明白他們自己以及他人能持有之錯誤信念。除此之外，一些作業任務要求孩童去做一個以信念為基礎的判斷（她將去哪裡？她在想什麼？）或一個情緒判斷（她的感覺如何？）。類似的作業任務包括「欺騙外表作業任務」（該作業任務測試人們對於容器內的內容物能持有錯誤信念的理解）與「表面－真實」作業任務（該任務考慮個人對於理解物體實際內容而非是它看起來的外表樣貌的能力）。

原本置放物品的地方進行找尋（雖然那個物品不在那兒）。一直要到 7 歲之後，孩童才有辦法明白 Sally 的欲望和 Sally 的錯誤信念（找到物品將使 Sally 感到快樂；發現物品遺失，Sally 將會感到難過）。[5]

幾乎所有 5 歲的典型發展孩童，都能夠表現出一些關於錯誤信念任務的理解。[7] 一個孩童心智狀態的發展，於 2 歲半（孩童能夠通過測驗的最早年齡）與 5 歲之間有一個概念性的改變，然而有些研究學者為此說法有所爭論。[8] 孩童發展理解錯誤信念的時間較早或較遲，可能肇因於他們的社交環境與語言發展，或生物學因素的作用影響。心智理論與語言能力之間的關聯已在好幾個研究中被提出。[9,10] 心智理論作業任務時常需要孩童能夠理解鑲嵌句（例如：Sally 認為那個球是在籃子裡），因此，不意外的，語言能力與是否能通過這些作業任務是息息相關的。這兩者之間的關係是雙向的，好的語言能力使孩童能夠了解他人的心智狀態與信念的訊息；另一方面，心智理論技巧能讓孩童藉由思索說話者的意圖與聽者所必須知道的訊息來促進語言理解的發展。[11]

其他的研究顯示出若相對早期就出現心智理論能力，可以反映出一個有利的學習環境。例如：孩童有一個或多個手足，比起獨生子女會較早出現理解錯誤信念的能力。[12] 除此之外，雙親具較高的敏銳感受度，則影響孩童擁有更佳之理解心智狀態與正向友誼互動。[13] 同樣地，下列兩種人會在進階的心智理論任務上有較佳的理解表現：第一種是具更廣泛社交支持網絡的成年人，[14] 第二種是展現出較好社交技巧的孩童。[15] 總而言之，這些研究建議一個孩童所處環境的各個面向可以促進心智理論技巧的發展，而且他們也強調心智理論與社會技巧發展之間具相互鏈結之關係。

自閉症光譜障礙者的錯誤信念理解

相較於在典型發展孩童上所見到的模式，大多數自閉症光譜障礙孩童要在童年期的後期才能通過錯誤信念任務。無論是否有自閉症光譜障礙之幼小孩童，皆會出現以**現實**狀況來歸因他人信念的典型錯誤，而非他人認

為的事實真相。舉例來說,他們通常預測 Sally 將會去 Anne 移置球的地方尋找。換句話說,他們無法理解因為 Sally 沒有**看到**球被移動,所以 Sally 不會**知道**球目前的位置在哪裡。然而,許多自閉症光譜障礙的較大孩童與成人,最終還是能通過錯誤信念與其他心智理論任務,這是一種典型性的顯著遲緩。舉例來說,過去研究發現自閉症光譜障礙孩童大約在 8 歲語言心智年齡時,開始能通過錯誤信念作業任務,且此能力會隨著漸增的語言能力而有持續性的進步。[16] 然而,進一步的研究發現就算自閉症光譜障礙孩童通過心智理論任務,他們在日復一日的生活中仍然表現出典型的洞察力缺乏。[17,18] 上述發現引起某些研究者對此爭論,認為通過心智理論任務的自閉症光譜障礙孩童其實已經發展出補償性學習策略。[19] 有好幾篇研究指出,通過心智理論任務與發展廣泛社交技巧,兩者之間欠缺連結性。例如:那些能通過 Sally-Anne 作業任務的自閉症光譜障礙個案與典型發展同儕在使用同樣的方法之下,他們無法在幾何動畫(moving geometric animations)模式中歸因心智狀態或情緒。[20] 同樣地,通過傳統心智理論任務的亞斯伯格症孩童,在一個錯誤信念情景下,無法表現出一般人的自發預測性眼神移動至相關的位置。[21]

有賴過去 15 年來的科技進展,研究者可以在進行心智理論任務時,定位大腦中被啟動的部位。掃描大腦的方法有功能性核磁共振造影(fMRI)、正子攝影(PET)或腦部單光子射出電腦斷層攝影(SPECT),典型發展個案顯示出大腦中啟動的區域是在內側前額葉皮質、杏仁核與顳頂葉。[22,23] 相反地,自閉症光譜障礙個案在執行同樣的任務時,上述這些大腦區域是不活躍的,反而是相關於解決一般問題的區域在運作。[24] 這些發現更進一步地驗證自閉症光譜障礙個案的補償性學習。

發展性的觀點

近年來,研究者已採用發展性觀點試著了解心智理論能力的習得。現今已經被認可的是心智理論涉及數個會在發展過程中逐漸湧現的技能,而

並非僅是以通過錯誤信念任務為指標。研究已採用較廣泛的系列作業任務，應用於孩童的能力，以便分析不同年齡層之心智狀態。舉例來說，在嬰兒期與學步期，自閉症光譜障礙個案的早期社交基礎技巧缺陷，時常表現出不佳的分享式注意力。[25,26] 分享式注意力是一種針對環境中物品或發生事件來與他人進行協調注意力的能力，意指會使用眼神接觸、手勢或語言引起他人注意。在典型發展過程中，分享式注意力（在「視線追視」或「手勢指示」）出現在 9 至 14 個月大之間。[27]

欲望與信念

進一步的研究提出心智理論並不會以一個單一認知歷程顯現，而是由數個相互聯繫的技巧所構成，包括分析他人信念、意圖、知識、情感與欲望的能力。[28,29] 預測他人欲望的能力會比正確判斷他人信念的能力要早出現。[30-33] 因而，孩童明白兩個人會想要同樣的玩具，早於他們明白兩個人對於同樣玩具會持有不同的信念。按照此說法，孩童對於明白兩人在同樣情況會持有不同信念的發展，早於他們了解某人對於該情況持有錯誤信念。

縱觀理解錯誤信念，當中有研究認為心智理論發展於兒童期後。Francesca Happé 發展了一套「奇怪故事集」（Strange Stories）來評估更進階的心智理論技巧。[34] 這些故事依賴個人對語言非字面用法的理解，如同在描述諷刺和挖苦等概念的溝通意圖。舉例而言，在挖苦的情境中，最主要會出現的說法是「適合野餐的美好一天」（當時外頭正在下雨）。讀者之後就會被問：「故事裡的人是否已經說了一些實情，以及為何他們要這麼說？」那些毫無困難通過標準心智理論錯誤信念任務的典型發展孩童與高功能自閉症光譜障礙成人對於理解這類型的情境是困難的。通常要到兒童後期，孩童才能些微理解這些故事語言中的非字面用法。[35-37]

此廣泛的研究議程起因於「次級心智理論任務」之發展（後設思考）。這些任務是閱讀具數個角色的故事，然後孩童或成人被要求說出故事裡其中一人會如何思考另一人的想法。一般人認為次級心智理論大約於 6 或 7

歲時發展。[38] 此時，某些情景需要之理解力是超過第三級心智理論任務，而絕大多數的典型發展成人對此顯示出思考上的困難。近期研究指出，10 與 11 歲的孩童可以通過第四級的心智理論階段。[15] 在這個年齡，孩童通過初級與次級心智理論任務是沒有困難的，但是他們在第三級故事裡明顯犯了較多錯誤，而在第四級的任務裡正確與錯誤大約各佔一半。這個研究強調，從兒童後期一直到進入成年期，心智理論會持續的發展與提升。

❖ 教導自閉症孩童心智理論

自從《教導心智解讀》（*Teaching Mindreading*）[39] 這本書出版後，理論性與實務性的研究持續著重心智理論，支持心智理論是自閉症光譜障礙個案社交與互動困難的因素證據之一。愈來愈多的研究探索教導自閉症光譜障礙孩童與成人心智理論，大多數的研究焦點在兒童後期與青春期的孩童。

這些目標著重在教導自閉症光譜障礙孩童理解心智狀態的相關研究，通常發現孩童能夠學習且通過心智理論任務，並能移轉他們的知識到概念性相同但尚未被直接教導過的任務上。[40-42] 有些研究在新奇的心智理論任務作業上發現類化的證據；[43,44] 雖然那些能使用新技巧來通過新奇的心智理論任務作業或應用真實生活情況的孩童仍時常被證明是有困難的。[45]

由於缺乏類化能力，引發對於孩童學習心智理論的質疑；他們究竟是真正學到心智狀態，或者他們僅只是習得「規則」或「策略」以通過結構化的測驗？[19,46] 儘管在文獻中看到了這些限制，人們仍然相信教導自閉症光譜障礙孩童心智理論是有用的，以鼓勵他們去思索心理狀態；也就是說，這是自閉症光譜障礙孩童在發展過程中不會自發去做的事情。介入之主要目的是為自閉症光譜障礙孩童和成人提供理解心智狀態的基本工具，以幫助他們克服自身的社交世界。

好幾個研究者曾為以結構化方法教導心智理論是否對學習最有助益有所爭辯。[47] 此外，還建議在教學課程中，可使用多樣化的例子來幫助與促

進自閉症光譜障礙者在新任務與情境線索之類化。[47] 其他人提出將長期的心智理論教學納入教育課程，或結合心智理論教學與社交技能工作坊，將會對於發展和利用心智理論技巧最有助益。[45,48] 在教學方法上，大多數的研究認為從相當於初級心智理論的程度開始教導（一個典型的 3 歲或 4 歲孩子能理解的程度）較為合適。一些研究者認可心智理論的前導介入目標，應著重於像是假裝性遊戲或分享式注意力。[49] 然而，一些心智理論教學採用了在廣泛性的文獻中，較不常見的發展性方法。本書附錄總結針對教導自閉症光譜障礙孩童心智理論的主要研究，附錄表呈現研究者所採用的各種教學任務和作業。除此之外，附錄表還呈現包括具有不同語言能力的孩童和青少年參與較短或較長的密集式課程之研究。

❖ 本書簡介

　　自閉症光譜障礙孩童與成人可以被教導思考心智狀態。發展本書的第一步是將情緒、假裝性遊戲與觀點取替的例子囊括進來，而這些例子形成教導自閉症光譜障礙孩童心智理論的基礎。[39] 本書目標欲提供一本友善且容易入門的資源書，給自閉症光譜障礙領域中想要發展教導自閉症孩童結構準則的教師與專業人士們。採用發展觀點，這意味著孩童可以從最基礎的階段開始（例如：與物體遊戲、連結情緒與情境、理解看到導致知道），並進一步去考慮更難的概念（在遊戲中表現出「假裝」某一物體是其他的東西、理解情緒中的個人觀點、分辨錯誤信念及其情緒和行為後果）。除此之外，這種方法與先前的研究是一致的，認為多樣化的教學範例可以促進新任務的類化學習。

　　我們的初版手冊（編註：指《心智解讀：自閉症光譜障礙者之教學實用手冊》）被證明是教導自閉症光譜障礙孩童心智理論的有用資源，並為致力於教導自閉症光譜障礙孩童情緒的家長與老師發展了有用的教材。所以，目前這本工作手冊，我們擴展教導訊息狀態的部分。有鑑於許多研究表示，在教學後與實際生活情境的類化是有困難的；這本工作手冊中使用

的例子，應可被視為與社交技巧訓練相互連結的資源，可以幫助孩童將教學內容應用至日常生活中。

思考訊息狀態

這本工作手冊著重於教導孩童訊息狀態。發展性階段提出教導心智理論包含*知覺*（他人看到什麼）、*知識*（他人知道什麼）與*信念*（他人怎麼想）。前五個階段是基於我們先前出版的書（編註：指《心智解讀》一書），第六階段延伸我們原本著作中未提到的次級心智理論。前兩個階段介紹對於他人可以看見不同的事情，或對同樣的物體有不同的視覺觀點。此二階段與之前手冊中的階段是相同的，並且對於連結「看到即知道」是重要的。

階段 3 建立於我們先前的著作，它提供一系列故事來幫助孩童了解什麼是他人「知道的」與「不知道的」，並了解該知識來源。為了擴展我們先前的書，這個階段（階段 4 到階段 6）使用「想法泡泡」（thought bubbles）來幫助孩童思索心智狀態。這本工作手冊的設計使孩童可以指出故事人物的想法。此外，書中範例可以被複印，且孩童可以在與主角相關想法的圖片中著色。

階段 4 到階段 6 旨在促進孩童理解他人在思考什麼，並明白他人可以思考*真實*或*錯誤*的事物。階段 6 是一個補充，旨在教導孩童考慮嵌入式信念：人們可以思考現在他人正在想什麼。

視覺觀點取替

在你和孩童們一起理解他人的想法之前，你可以鼓勵他們去思索視覺觀點取替——理解不同的人可以看到不同的東西。視覺觀點取替被分解為簡單觀點取替和複雜觀點取替：

階段1：簡單觀點取替——理解孩童與老師可以看到不同的事情。

階段2：複雜觀點取替——理解孩童與老師在某事上有不同的觀點。

概念觀點取替

以下四個階段是建立於階段1與階段2。在這兩個階段中，主要是擴展孩童去理解他人可以看到不同的事情，或用不同的視覺觀點去理解他人在相同的事件上能有不同的想法。這個能力有時候被稱作**概念觀點取替**。概念觀點取替指的是個人對思想的理解，以及如何用於預測他人的行為和情緒。這裡的四個階段，旨在鼓勵孩童思考他人的想法以及如何連接其後續行為。

階段3：看到導致知道——了解他人只知道自己直接或間接經歷過的事情。

階段4：真實信念——理解他人可以持有真實的信念，並且他們的行為與這些信念有關。

階段5：錯誤信念——理解他人可以持有錯誤的信念，並且他們的行為與這些信念有關。

階段6：嵌入式信念——理解一個人可以思考另一個人在想什麼，並且他們使用這種理解來預測行為。

Chapter 2 視覺觀點取替

　　階段 1 和階段 2 的目標在於鼓勵兒童思考關於視覺觀點——主要的概念是指人們能看到不同的事物，或者對於同一件物品卻會有不同的視覺觀點。

《教導自閉症光譜障礙者心智解讀：工作手冊》

Teaching Children with Autism to Mind-Read: The Workbook. First Edition.

Julie A. Hadwin、Patricia Howlin 與 Simon Baron-Cohen 著

王淑娟、賴珮如、胡書維譯

© 2015 John Wiley & Sons, Ltd. Published 2015 by John Wiley & Sons, Ltd.

© 2019 心理出版社股份有限公司

階段 1　簡單觀點取替

　　「簡單觀點取替」主要牽涉到的是理解人們能看到不同事物。在這個階段，孩童需判斷他人看到或看不到的事物。在這個情況之下，他人所看到的會與孩童不同。

教材

使用多樣的雙面圖卡（一張圖卡的兩面各有不同的圖畫），例如：

1. 一枝筆／一把鑰匙

2. 一隻狗／一棵樹

3. 一台電話／一朵花

4. 一輛汽車／一條蛇

評量與教學

向孩童展示圖卡，讓孩童能看到圖卡兩面的圖畫。

詢問孩童雙面圖卡上的物品名稱。（如下列程序。）

問 「這是什麼？」

拿起圖卡置於自己和孩童之間。

問 「你能看到什麼呢？」（孩童必須命名出自己眼前圖片上的物品名稱。）

問 「我能看到什麼呢？」（孩童必須指出老師眼前圖片上的物品名稱。）

老師可以轉動圖卡，讓老師和孩童能夠看到圖卡上兩面的圖片。

簡單觀點取替範例：狗和樹

小狗圖片——第一面

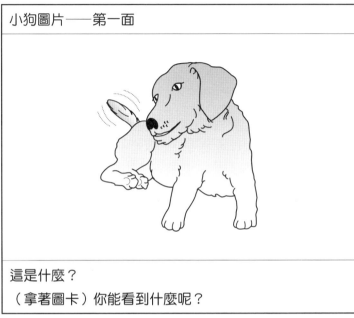

這是什麼？

（拿著圖卡）你能看到什麼呢？

樹木圖片—— 第二面

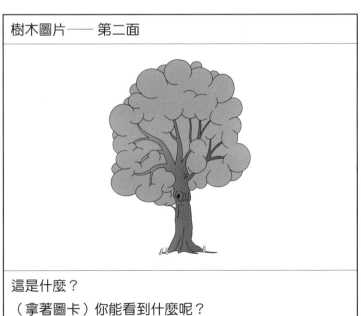

這是什麼？

（拿著圖卡）你能看到什麼呢？

教學程序

拿著圖卡置於老師和孩童之間，讓孩童能看到狗，而老師能看到樹。

如果孩童能正確指認他所看到的物品，但無法指認老師能看到的……

此時，指著孩童面前的圖片說：「你能看到小狗，對吧？因為小狗的圖片在你這一面。」

接著，指著老師這一面的圖片說：「但是你看！我這一面的圖片是什麼？」「我能看到什麼呢？」

獎勵孩童：「答對了！我可以看到樹。」（若是孩童仍舊答錯，則告訴孩童正確答案，並進行下一題。）

無論孩童的答案是否正確，最後，把小狗圖片重新面向孩童。
並說：「我看不到小狗，只有你能看到小狗。」

教學原則

> 人們並非總是看到相同的事物。有時候人們所看到的事物是不一樣的。

階段 2　複雜觀點取替

　　「複雜觀點取替」指的是不僅要去了解他人所看到的事物，而且也要能理解事物是如何呈現。這個階段，孩童需判斷他人能看到**什麼**，以及看到的事物**如何**呈現在他人面前。

教材

選擇一系列由孩童有興趣的物品所構成的圖片，例如：

1. 一個茶壺

2. 一塊蛋糕

3. 一隻大象

4. 米老鼠

評量與教學

將一張圖卡平放在老師與孩童之間的桌上，如此一來，這張圖片會有一個方向對著老師，另一個方向對著孩童。

問 「這是什麼？」

指著圖片。

問 「從你這邊看這張（圖片），方向是正確的，還是上下顛倒的？」（孩童回答。）

問 「從我這邊看這張（圖片），方向是正確的，還是上下顛倒的？」（孩童回答。）

老師可以轉動圖片，讓老師和孩童能夠看到不同方向的圖片呈現。

注意：在提問時，要改變「上下顛倒」和「方向正確」兩詞的先後順序。

複雜觀點取替範例：

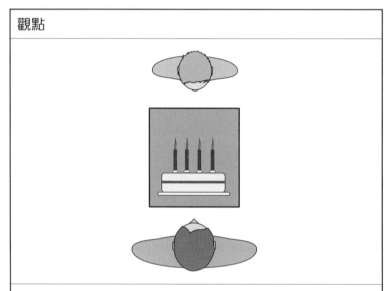

觀點
敘述
這是什麼？ 從你那邊看這個蛋糕，方向是上下顛倒的，還是正確的？ 從我這邊看這個蛋糕，方向是上下顛倒的，還是正確的？

教學程序

將一張圖卡平放在老師與孩童之間的桌上,如此一來,這張圖片會有一個方向對著孩童,另一個方向對著老師。

接下來詢問孩童:

「從你那邊看這個蛋糕,方向是上下顛倒的,還是正確的?」

「從我這邊看這個蛋糕,方向是上下顛倒的,還是正確的?」

如果孩童能正確指認自己的觀點,但無法指認老師的觀點,則說:

「你看,當你看到正確方向的蛋糕時,我看到的卻是上下顛倒的蛋糕。仔細看,轉動圖片會發生什麼事呢?」

(轉動圖片,讓孩童看到上下顛倒的,而老師看到正確方向的蛋糕。)

「現在,當我看到正確方向的蛋糕時,你看到的是上下顛倒的蛋糕。」

對正確答案的獎勵,稱讚說:「答對了!我可以看到正確方向/上下顛倒的蛋糕!」

(若是孩童仍舊答錯,則告訴孩童正確答案,並進行下一題。)

(老師可以使用的另一種教學方法是把圖卡放在原來的位置,讓孩童和老師互換位置,這樣亦可凸顯不同觀點的概念。)

教學原則

> 人們能用不同的方法來看待同一件事物。

Chapter 3 概念觀點取替

　　階段 3 到階段 6，要求孩童需要去思考他人的信念及行為。這種形式的推理，有時被稱為「概念觀點取替」或「心智理論」。它的目的是協助孩童理解人們信念的起源（階段 3），亦鼓勵孩童去了解人們的行動是基於他們所相信的，無論他們的信念是真實（階段 4）抑或是錯誤的（階段 5）。此外，它的目的也在促進孩童理解人們能思考他人在思考的事情，以及人們如何運用這種理解去預測他人的行為（階段 6）。

　　這些階段使用「想法泡泡」（thought bubbles）來幫助孩童理解故事角色的想法。「想法泡泡」用在描述人們知道的、想要的和思考的東西。

　　以下的章節幫助老師了解如何向孩童介紹「想法泡泡」，以及如何在階段 3 至階段 6 中使用。

　　以下的介紹部分之後，緊接著即是「階段 3：看到導致知道」。

《教導自閉症光譜障礙者心智解讀：工作手冊》
Teaching Children with Autism to Mind-Read: The Workbook. First Edition.
Julie A. Hadwin、Patricia Howlin 與 Simon Baron-Cohen 著
王淑娟、賴珮如、胡書維譯
© 2015 John Wiley & Sons, Ltd. Published 2015 by John Wiley & Sons, Ltd.
© 2019 心理出版社股份有限公司

「想法泡泡」簡介

「想法泡泡」讓我們知道人們
的想法。

讓我們來看看這些人在想什麼。

看，Jack 肚子餓了。

他正想要吃晚餐。

這裡有一些人，你能指出每個人正在想的事情嗎？

Robyn 在找她的洋娃娃

你想，她認為洋娃娃在哪裡呢？

Seth 要去拿他的書

你想，他認為書在哪裡呢？

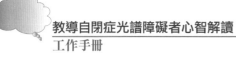

階段3 看到導致知道

　　理解「看到導致知道」的原則是要探究孩童是否有能力了解：人們（包括其自身）只能知道自己直接或間接經歷過的事情。這個階段精簡且著重於「看到」與「知道」之間的關聯。當然也有「聽到」和「知道」，以及「感覺到」和「知道」之間的關聯，但有關這部分在本書未提及。

　　此階段分為兩個部分：

階段3A：自我判斷——理解如果自身曾經經驗過某些事物，那自己就可以知道這些事物。

階段3B：他人判斷——理解如果他人曾經經驗過某些事物，那他人就可以知道這些事物。

階段 3A   自我判斷

這個部分為階段 3B（他人判斷）的引導教材。目的在鼓勵孩童去思考：自己知道或不知道的事情，是基於自己有沒有看到而定。

這個階段在進行「尋寶」遊戲時，使用了成雙配對的物品，目的在鼓勵孩童去理解「看到」和「知道」之間的關聯。尋寶遊戲使用容易辨識的盒子（例如：牙膏盒、蠟筆盒、糖果盒）或是一般的空盒（例如：鞋盒），將物品藏到盒子裡。你也可以直接使用雙手來玩這個遊戲，讓孩童猜猜看東西藏在哪一隻手裡面。

物品可以選擇藏在兩處的其中一處，或者，你可以把成雙之物品的其中之一藏起來，而這成雙的物品可以是外觀相同但顏色不同（例如，一枝綠色鉛筆和一枝紅色鉛筆），或是大小不同（例如，一枝長鉛筆和一枝短鉛筆）。如此一來，孩童必須思考哪一個物品被藏了起來。

這個遊戲有兩種版本，第一種版本是孩童無法看到你把什麼藏起來或是藏在哪裡。第二種版本是孩童可以看到你在藏特定的物品，或是將物品放在兩個位置中的其中一個地方。

教材

例如：一個盒子／一枝大枝綠色蠟筆／一枝小枝綠色蠟筆

評量與教學

向孩童呈現一個盒子和兩項物品，例如一枝大枝綠色蠟筆和一枝小枝綠色蠟筆。

說 「讓我們用這盒子來玩尋寶遊戲。看看這些蠟筆，這枝是大的，這枝是小的。我要把其中一枝蠟筆藏在盒子裡，現在你可以把眼睛閉上嗎？這樣你就看不到我要藏哪一枝。」（第二個版本，你無須要求孩童閉上眼睛。）

把大枝蠟筆藏進盒子裡，另一枝蠟筆放在孩童看不到的地方。

說 「好了，睜開眼睛吧！」

問 「你知道盒子裡面是哪一枝蠟筆嗎？」

問 「你為什麼不知道盒子裡面是哪一枝蠟筆？」

讓孩童打開盒子看看是哪一枝蠟筆在裡面。

教學程序

如果孩童正確回答自己是否知道盒子裡有什麼物件，或是你藏物件的位置，則詢問孩童如何得知物件是哪一樣或是在哪裡，以強化孩童的理解。

舉例來說：「你看到我把大枝蠟筆放在盒子裡，所以你知道大枝蠟筆在裡面。如果你有看到，你就會知道。」或是：「你沒有看到我把大枝蠟筆放進盒子裡，所以你不知道盒子裡面有什麼。如果你沒有看到，你就不會知道。」

孩童若是回答錯誤，則提供正確解答以及解釋相關原由。

無論孩童回答是否正確，同時必須持續提供孩童下列理解信念的基本原則：

> 人們只會知道他們所看到的事物。如果他們沒有看到某些事物，那麼他們就不會知道有關那些事物的事。

階段 3B 他人判斷

　　這個階段的原則是「看到導致知道」，用來評估孩童是否有能力理解：
他人只能知道自身直接或間接經歷過的事情。

1. Claire、John 和球

Claire 在家裡。
Claire 有一顆球。

Claire 把球放到箱子裡。

John 走進家裡。
他想要找球。

誰知道球在哪裡？

Claire

John

Claire 把球放進箱子裡，所以她知道球在哪裡。如果你看到，你就會知道。

John 並沒有看到 Claire 把球放進箱子，所以他不知道球在哪裡。因此，如果你沒有看到，你就不會知道。

> 人們只會知道他們所看到的事物。如果他們沒有看到某些事物，那麼他們就不會知道有關那些事物的事。

2. Peter、Paul 和餅乾

Peter 和 Paul 在收拾。

Peter 把牛奶放進冰箱。

Paul 把餅乾放進櫃子裡。

Peter 說：「讓我們來吃餅乾吧！」

誰知道餅乾在哪裡？

Peter

Paul

Paul 把餅乾放到櫃子裡，所以他知道餅乾在哪裡。如果你看到，你就會知道。

Peter 並沒有看到 Paul 把餅乾放到櫃子裡，所以他不知道餅乾在哪裡。因此，如果你沒有看到，你就不會知道。

> 人們只會知道他們所看到的事物。如果他們沒有看到某些事物，那麼他們就不會知道有關那些事物的事。

3. 媽媽、Charlotte 和糖果

媽媽和 Charlotte 在公園。

媽媽有一些糖果。
她把糖果放在口袋裡。

Charlotte 問:「媽媽,我可以吃糖果
嗎?」

誰知道糖果在哪裡？

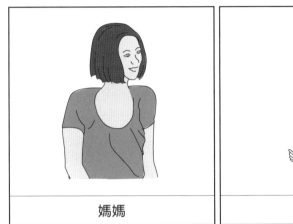

媽媽

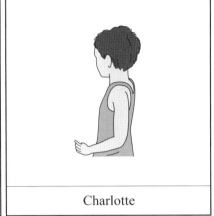

Charlotte

媽媽把糖果放在口袋裡，所以她知道糖果在哪裡。如果你看到，你就會知道。

Charlotte 並沒有看到媽媽把糖果放在口袋裡，所以她不知道糖果在哪裡。因此，如果你沒有看到，你就不會知道。

人們只會知道他們所看到的事物。如果他們沒有看到某些事物，那麼他們就不會知道有關那些事物的事。

4. Barbara、Tommy 和蠟筆

Tommy 有一些新的蠟筆。

Tommy 把蠟筆放到抽屜裡。

Barbara 來玩了，她想要畫圖。

誰知道蠟筆在哪裡？

Tommy

Barbara

Tommy 把蠟筆放到抽屜裡，所以他知道蠟筆在哪裡。如果你看到，你就會知道。

Barbara 並沒有看到 Tommy 把蠟筆放到抽屜裡，所以她不知道蠟筆在哪裡。因此，如果你沒有看到，你就不會知道。

> 人們只會知道他們所看到的事物。如果他們沒有看到某些事物，那麼他們就不會知道有關那些事物的事。

5. Ayisha、Maddy 和貝殼

Ayisha 和 Maddy 在沙灘玩。
她們發現了一個大貝殼。

Ayisha 正在找更多的貝殼。
Maddy 把大貝殼放進水桶裡。

Ayisha 想要看剛才發現的大貝殼。

誰知道大貝殼在哪裡？

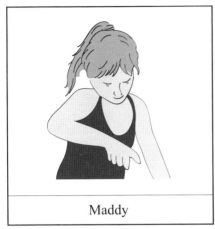

Maddy

Ayisha

Maddy 把大貝殼放進水桶裡，所以她知道大貝殼在哪裡。如果你看到，你就會知道。

Ayisha 並沒有看到 Maddy 把大貝殼放進水桶裡，所以她不知道大貝殼在哪裡。因此，如果你沒有看到，你就不會知道。

> 人們只會知道他們所看到的事物。如果他們沒有看到某些事物，那麼他們就不會知道有關那些事物的事。

6. 爸爸、Ali 和手機

爸爸正在煮飯。
Ali 在一旁玩。

Ali 發現爸爸的手機，他把手機放進他的玩具盒裡。

爸爸想要打電話。

誰知道手機在哪裡？

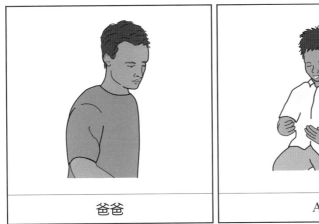

| 爸爸 | Ali |

Ali把手機放進玩具盒裡，所以他知道手機在哪裡。如果你看到，你就會知道。

爸爸並沒有看到 Ali 把手機放進玩具盒裡，所以他不知道手機在哪裡。因此，如果你沒有看到，你就不會知道。

> 人們只會知道他們所看到的事物。如果他們沒有看到某些事物，那麼他們就不會知道有關那些事物的事。

7. Joan、Chloe 和小熊

Chloe 在刷牙。

Joan 把 Chloe 的小熊放進毯子裡。

Chloe 想要找小熊。

誰知道小熊在哪裡？

Joan	Chloe

Joan 把小熊放進毯子裡，所以她知道小熊在哪裡。如果你看到，你就會知道。

Chloe 並沒有看到 Joan 把小熊放進毯子裡，所以她不知道小熊在哪裡。因此，如果你沒有看到，你就不會知道。

> 人們只會知道他們所看到的事物。如果他們沒有看到某些事物，那麼他們就不會知道有關那些事物的事。

8. Robin、Georgina 和黏土

Georgina 和 Robin 有一些黏土。

Georgina 把擀麵棍放在她的椅子上。

Robin 想要擀他的黏土。

誰知道擀麵棍在哪裡？

Robin

Georgina

Georgina 把擀麵棍放到她的椅子上，所以她知道擀麵棍在哪裡。如果你看到，你就會知道。

Robin 並沒有看到 Georgina 把擀麵棍放在她的椅子上，所以他不知道擀麵棍在哪裡。因此，如果你沒有看到，你就不會知道。

人們只會知道他們所看到的事物。如果他們沒有看到某些事物，那麼他們就不會知道有關那些事物的事。

9. Basim、Kyle 和小汽車

Basim 有一輛小汽車，而 Kyle 有一輛小火車。

Basim 把小汽車放進玩具車庫裡。

Kyle 想要玩小汽車。

誰知道小汽車在哪裡？

| Kyle | Basim |

Basim 把小汽車放進玩具車庫裡，所以他知道小汽車在哪裡。如果你看到，你就會知道。

Kyle 並沒有看到 Basim 把小汽車放進玩具車庫裡，所以他不知道小汽車在哪裡。因此，如果你沒有看到，你就不會知道。

> 人們只會知道他們所看到的事物。如果他們沒有看到某些事物，那麼他們就不會知道有關那些事物的事。

10. Imogen、Mike 和腳踏車

Imogen 正在騎她的新腳踏車。

Imogen 把腳踏車停在門廊，想要去屋子裡拿一些餅乾。

Mike 走進花園，並問：「可以輪到我騎妳的新腳踏車嗎？」

誰知道腳踏車在哪裡？

Imogen

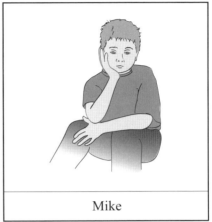

Mike

Imogen 把腳踏車停在門廊，所以她知道腳踏車在哪裡。如果你看到，你就會知道。

Mike 並沒有看到 Imogen 把腳踏車停在門廊，所以他不知道腳踏車在哪裡。因此，如果你沒有看到，你就不會知道。

> 人們只會知道他們所看到的事物。如果他們沒有看到某些事物，那麼他們就不會知道有關那些事物的事。

階段4 真實信念

在這個階段*，要求孩童依據故事主角認為物品在哪裡的真實信念，來預測他們的行動。

1. Sally 和書

看！桌上有一本書，書架上也有一本書。

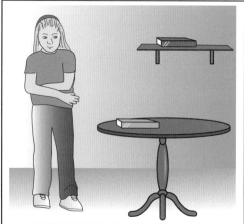

這是 Sally。今天早上 Sally 看到桌上有一本書，但她沒有看到書架上有一本書。

---

*這些故事是改編自 Wellman 和他的同事所發展的內容，詳見 Wellman, H. (1992). The child's theory of mind. Cambridge Mass: The MIT Press.

Sally 想要書。

Sally 會認為書在哪裡？

記住，之前 Sally 曾看到書在桌上，所以 Sally 會去桌上找書。

Sally 並沒有看到書在書架上，所以她不會去書架上找書。

人們會認為東西是在他們看到的那個地方。如果他們沒有看過東西
在那裡，那麼他們就不會知道東西在那裡。

2. Abid 和餅乾

看！盤子上有一些餅乾，盒子裡面也有一些餅乾。

這是 Abid。今天早上 Abid 看到盒子裡有餅乾，但他沒有看到盤子上有餅乾。

Abid 想要餅乾。

Abid 會認為餅乾在哪裡？

記住，之前 Abid 曾看到盒子裡有餅乾，所以 Abid 會去盒子裡找餅乾。

Abid 並沒有看到盤子上有餅乾，所以他不會去盤子上找餅乾。

> 人們會認為東西是在他們看到的那個地方。如果他們沒有看過東西在那裡，那麼他們就不會知道東西在那裡。

3. Jordan 和梳子

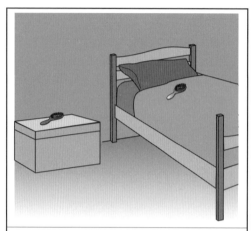

看！床上有一把梳子，玩具箱上也有一把梳子。

這是 Jordan。今天早上 Jordan 看到床上有梳子，但她沒有看到玩具箱上有梳子。

Jordan 想要梳子。

Jordan 會認為梳子在哪裡？

記住，之前 Jordan 曾看到床上有梳子，所以 Jordan 會去床上找梳子。

Jordan 並沒有看到玩具箱上有梳子，所以她不會去玩具箱上找梳子。

> 人們會認為東西是在他們看到的那個地方。如果他們沒有看過東西
> 在那裡，那麼他們就不會知道東西在那裡。

4. Ross 和手套

看！外套口袋裡有手套，地板上也有手套。

這是Ross。今天早上Ross看到地板上有手套，但他沒有看到外套口袋裡有手套。

Ross 想要手套。

Ross 會認為手套在哪裡？

記住，之前 Ross 曾看到地板上有手套，所以 Ross 會去地板找手套。

Ross 並沒有看到外套口袋裡有手套，所以他不會去外套口袋裡找手套。

> 人們會認為東西是在他們看到的那個地方。如果他們沒有看過東西
> 在那裡，那麼他們就不會知道東西在那裡。

5. Morgan 和紙

看！沙發下面有一些紙，桌上也有一些紙。

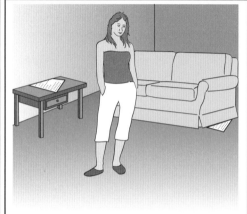

這是 Morgan。今天早上 Morgan 看到沙發下面有紙，但她沒有看到桌上有紙。

Morgan 想要紙。

Morgan 會認為紙在哪裡？

記住，之前Morgan曾看到沙發下面有紙，所以Morgan會去沙發下面找紙。

Morgan 並沒有看到桌上有紙，所以她不會去桌上找紙。

> 人們會認為東西是在他們看到的那個地方。如果他們沒有看過東西
> 在那裡，那麼他們就不會知道東西在那裡。

6. Dylan 和玩具消防車

看！地毯上有一輛玩具消防車，火爐邊也有一輛玩具消防車。

這是 Dylan。今天早上 Dylan 看到地毯上有一輛玩具消防車，但他沒有看到火爐邊有一輛玩具消防車。

Dylan 想要玩具消防車。

Dylan 會認為玩具消防車在哪裡？

記住，之前 Dylan 曾看到地毯上有玩具消防車，所以 Dylan 會去地毯上找玩具消防車。

Dylan 並沒有看到火爐邊有玩具消防車，所以他不會去火爐邊找玩具消防車。

> 人們會認為東西是在他們看到的那個地方。如果他們沒有看過東西在那裡，那麼他們就不會知道東西在那裡。

7. Nicole 和雨鞋

看！小屋裡有一雙雨鞋，車庫旁邊也有一雙雨鞋。

這是 Nicole。今天早上 Nicole 看到小屋裡有雨鞋，但她沒有看到車庫旁邊有雨鞋。

Nicole 想要雨鞋。

Nicole 會認為雨鞋在哪裡？

記住，之前 Nicole 曾看到小屋裡有雨鞋，所以 Nicole 會去小屋裡找雨鞋。

Nicole 並沒有看到車庫旁邊有雨鞋，所以她不會去車庫旁邊找雨鞋。

人們會認為東西是在他們看到的那個地方。如果他們沒有看過東西在那裡，那麼他們就不會知道東西在那裡。

8. Lewis 和小熊

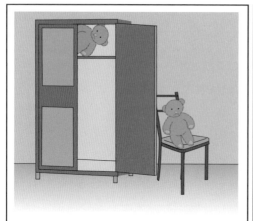

看！衣櫃裡面有一隻小熊，椅子上也有一隻小熊。

這是Lewis。今天早上Lewis看到衣櫃裡面有小熊，但他沒有看到椅子上有小熊。

Lewis 想要小熊。

Lewis 會認為小熊在哪裡？

記住，之前 Lewis 曾看到衣櫃裡有小熊，所以 Lewis 會去衣櫃裡找小熊。

Lewis 並沒有看到椅子上有小熊，所以他不會去椅子上找小熊。

人們會認為東西是在他們看到的那個地方。如果他們沒有看過東西在那裡，那麼他們就不會知道東西在那裡。

9. Kirstin 和糖果

看！桌上有一些糖果，籃子裡也有一些糖果。

這是 Kirstin。今天早上 Kirstin 看到籃子裡有糖果，但她沒有看到桌上有糖果。

Kirstin 想要糖果。

Kirstin 會認為糖果在哪裡？

記住，之前 Kirstin 曾看到籃子裡有糖果，所以 Kirstin 會去籃子裡找糖果。

Kirstin 並沒有看到桌上有糖果，所以她不會去桌上找糖果。

> 人們會認為東西是在他們看到的那個地方。如果他們沒有看過東西
> 在那裡，那麼他們就不會知道東西在那裡。

10. Sean 和球棒

看！草地上有一根球棒，花圃裡也有一根球棒。

這是 Sean。今天早上 Sean 看到草地上有球棒，但他沒有看到花圃裡有球棒。

Sean 想要球棒。

Sean 會認為球棒在哪裡？

記住，之前 Sean 曾看到草地上有球棒，所以 Sean 會去草地上找球棒。

Sean 並沒有看到花圃裡有球棒，所以他不會去花圃裡找球棒。

人們會認為東西是在他們看到的那個地方。如果他們沒有看過東西在那裡，那麼他們就不會知道東西在那裡。

階段 5　錯誤信念

　　如同階段 4，階段 5 鼓勵孩童根據故事主角的信念來預測主角的行動。此階段擴展階段 4 的內容，促進孩童去了解他人可能持有錯誤信念，這是測試心智理論的標準程序，進而將這些信念和行為連結。這個階段包含兩項任務：

階段 5A：非預期的換位置活動——要求孩童預測當人們對於物品的位置持有錯誤信念時，他們會去哪裡取回該物品。

階段 5B：非預期的內容活動——這個任務是要求孩童根據他人的認知程度去預測他們的行動。要求孩童預測當人們對於物品的內容持有錯誤信念時，他們會回答是什麼東西在盒子裡。這個階段，孩童需理解人們對於眼前盒子裡的內容物會有一種一般性的預期（例如，糖果盒裡面裝有糖果）。

階段 5A　錯誤信念——非預期的換位置活動

　　要求孩童預測當人們對於物品的位置持有錯誤信念時，他們會去哪裡取回該物品。

1. Hannah、Harry 和跳繩

看！他們是 Harry 和 Hannah。Harry 有一條跳繩。Harry 把跳繩放在桌上。

Harry 去花園玩了。Harry 並沒有看到 Hannah 在做什麼。這個時候，Hannah 把桌上的跳繩放進櫃子裡。

Harry 要回來拿跳繩。

Harry 會認為跳繩在哪裡呢?

記住,Harry 剛才把跳繩放在桌上,所以 Harry 會認為跳繩在桌上。

Harry 並沒有看到 Hannah 把跳繩放進櫃子裡,所以他不會知道跳繩在櫃子裡。

> 如果人們不知道事情已經發生變化了,那麼他們會覺得事情是一樣的。

2. Dennis、Agnes 和粉筆

看！他們是 Dennis 和 Agnes。Agnes 有一些粉筆。Agnes 把粉筆放進抽屜裡。

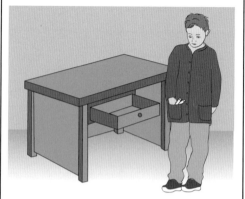

Agnes 出去拿一些紙。Agnes 並沒有看到 Dennis 在做什麼。這個時候，Dennis 把抽屜的粉筆放進他的外套口袋裡。

Agnes 要回來拿粉筆。

Agnes 會認為粉筆在哪裡呢？

記住，Agnes剛才把粉筆放在抽屜裡面，所以Agnes會認為粉筆在抽屜裡。

Agnes並沒有看到Dennis把粉筆放進口袋裡，所以她不會知道粉筆在Dennis的外套口袋裡。

> 如果人們不知道事情已經發生變化了，那麼他們會覺得事情是一樣的。

3. Adina、Wanda 和泳衣

看！她們是 Adina 和 Wanda。她們要去游泳。Wanda 把泳衣放在她的床上。

Wanda 出去拿她的包包。Wanda 並沒有看到 Adina 在做什麼。這個時候，Adina 把 Wanda 放在床上的泳衣放進她的包包裡。

Wanda 要回來拿泳衣。

Wanda 會認為泳衣在哪裡呢？

記住，Wanda 剛才把泳衣放在床上，所以 Wanda 會認為泳衣在床上。

Wanda 並沒有看到 Adina 把泳衣放進包包裡，所以她不會知道泳衣在 Adina 的包包裡。

> 如果人們不知道事情已經發生變化了，那麼他們會覺得事情是一樣的。

4. Paige、Winnie 和手搖鈴

看！她們是 Paige 和 Winnie。午餐時間快到了，Paige 準備要去搖鈴。Paige 把手搖鈴放在地上。

Paige 出去拿手錶。Paige 並沒有看到 Winnie 在做什麼。這個時候，Winnie 把地上的手搖鈴藏在她的外套下面。

Paige 要回來拿手搖鈴。

Paige 會認為手搖鈴在哪裡呢？

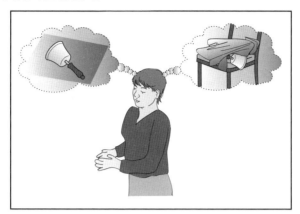

記住，Paige 剛才把手搖鈴放在地上，所以 Paige 會認為手搖鈴在地上。

Paige 並沒有看到 Winnie 把手搖鈴藏在外套下面，所以她不會知道手搖鈴在 Winnie 的外套下面。

> 如果人們不知道事情已經發生變化了，那麼他們會覺得事情是一樣的。

5. Adam、Jeremy 和作業單

看！他們是 Adam 和 Jeremy。Adam 有一張作業單。Adam 把作業單放在文件夾中。

Adam 出去拿外套。Adam 並沒有看到 Jeremy 在做什麼。這個時候，Jeremy 把文件夾中的作業單放進他的背包裡。

Adam 要回來拿作業單。

Adam 會認為作業單在哪裡呢？

記住，Adam剛才把作業單放在文件夾中，所以Adam會認為作業單在文件夾中。

Adam 並沒有看到 Jeremy 把作業單放進背包裡，所以他不會知道作業單在 Jeremy 的背包裡。

> 如果人們不知道事情已經發生變化了，那麼他們會覺得事情是一樣的。

6. David、Malcolm 和果汁

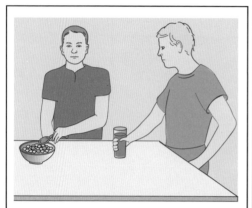

看！他們是 David 和 Malcolm，他們在吃早餐。

David 去拿土司。David 並沒有看到 Malcolm 在做什麼。這個時候，Malcolm 把放在桌上的果汁喝掉。所以，果汁已經在 Malcolm 的肚子裡。

David 要回來拿果汁。

David 會認為果汁在哪裡呢？

記住，David 剛才把果汁放在桌上，所以 David 會認為果汁在桌上。

David 並沒有看到 Malcolm 把果汁喝掉了，所以他不會知道果汁已經在 Malcolm 的肚子裡了。

> 如果人們不知道事情已經發生變化了，那麼他們會覺得事情是一樣的。

7. Mabel、Abram 和叉子

看！他們是 Mabel 和 Abram，他們正在吃午餐。Abram 把叉子放在他的盤子旁邊。

Abram 去拿刀子。Abram 並沒有看到 Mabel 在做什麼。這個時候，Mabel 把 Abram 盤子旁邊的叉子弄掉到地上。

Abram 要回來吃他的午餐。

Abram 會認為叉子在哪裡呢？

記住，Abram 剛才把叉子放在盤子旁邊，所以 Abram 會認為叉子在盤子旁邊。

Abram 並沒有看到 Mabel 把叉子弄掉到地上，所以他不會知道叉子在地上。

如果人們不知道事情已經發生變化了，那麼他們會覺得事情是一樣的。

8. Denise、媽媽和睡衣

看！她們是 Denise 和 Denise 的媽媽。
Denise 看到她的睡衣放在抽屜裡。

Denise 去刷牙。Denise 並沒有看到媽媽在做什麼。這個時候，媽媽把抽屜裡的睡衣放在暖氣機上。

Denise 要回來拿睡衣。

Denise 會認為睡衣在哪裡呢？

記住，Denise 剛才看到睡衣在抽屜裡，所以 Denise 會認為睡衣在抽屜裡。

Denise 並沒有看到媽媽把睡衣放在暖氣機上，所以她不會知道睡衣在暖氣機上。

> 如果人們不知道事情已經發生變化了，那麼他們會覺得事情是一樣的。

9. Affiq、Jafar 和野餐

看！他們是 Affiq 和 Jafar。他們正在野餐。Jafar 把蛋糕放在毯子上。

Jafar 去拿果汁。Jafar 並沒有看到 Affiq 在做什麼。這個時候，Affiq 把放在毯子上的蛋糕吃掉。所以，蛋糕已經在 Affiq 的肚子裡。

Jafar 要回來拿蛋糕。

Jafar 會認為蛋糕在哪裡呢？

記住，Jafar 剛才把蛋糕放在毯子上，所以 Jafar 會認為蛋糕在毯子上。

Jafar 並沒有看到 Affiq 把蛋糕吃掉，所以他不會知道蛋糕已經在 Affiq 的肚子裡了。

> 如果人們不知道事情已經發生變化了，那麼他們會覺得事情是一樣的。

10. Ellis、Elexa 和球

看！他們是 Ellis 和 Elexa。Elexa 有一顆球。Elexa 把球放在草地上。

Elexa 去拿她的外套。Elexa 並沒有看到 Ellis 在做什麼。這個時候，Ellis 把球踢到草叢裡面。

Elexa 要回來拿球。

Elexa 會認為球在哪裡呢？

記住，Elexa 剛才把球放在草地上，所以 Elexa 會認為球在草地上。

Elexa 並沒有看到 Ellis 已經把球踢到草叢裡面，所以她不會知道球在草叢裡面。

如果人們不知道事情已經發生變化了，那麼他們會覺得事情是一樣的。

階段 5B　錯誤信念——非預期的內容活動

　　此階段是要求孩童根據他人的認知來預測他們的行動。具體而言，要求孩童預測當人們對於物品的內容持有錯誤信念時，他們會回答是什麼東西在盒子裡。這個階段，孩童需理解人們對於眼前盒子裡的內容物，會有一種一般性的預期。

1. Nicola、Gerard 和巧克力豆

看！這是 Nicola。Nicola 有一盒巧克力豆。她打算捉弄 Gerard。	Nicola 把巧克力豆吃光。她把一枝鉛筆放進巧克力豆的盒子裡。

這時候 Gerard 來了。Nicola 問：
「Gerard，你想要吃巧克力豆嗎？」

Gerard 會認為盒子裡面裝的是什麼東西呢？

事實上，盒子裡面是什麼東西呢？

記住，Gerard能看到巧克力豆的盒子，所以他會認為盒子裡面是巧克力豆。

由於 Gerard 並沒有看到 Nicola 把鉛筆放進巧克力豆的盒子裡，所以 Gerard 不知道盒子裡是鉛筆。

> 如果人們不知道事情已經發生變化了，那麼他們會覺得事情是一樣的。

2. Gavin、Kathleen 和雞蛋

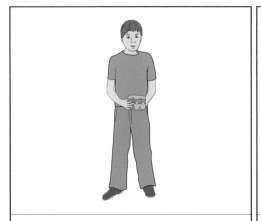

看！這是 Gavin。Gavin 有一盒雞蛋。
他打算捉弄 Kathleen。

Gavin 把雞蛋盒裡的雞蛋都拿出來。他
把一隻玩具蜘蛛放進雞蛋盒裡。

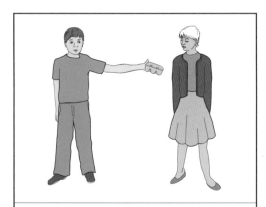

這時候 Kathleen 要來拿雞蛋。
Gavin 說：「在這裡！」

Kathleen 會認為盒子裡面裝的是什麼東西呢？

事實上，盒子裡面是什麼東西呢？

記住，Kathleen 能看到雞蛋的盒子，所以她會認為盒子裡面是雞蛋。

由於 Kathleen 並沒有看到 Gavin 把玩具蜘蛛放進雞蛋的盒子裡，所以 Kathleen 不知道盒子裡是玩具蜘蛛。

> 如果人們不知道事情已經發生變化了，那麼他們會覺得事情是一樣的。

3. Kelly、Gemma 和脆薯片

看！這是 Gemma。Gemma 有一包脆薯片。她打算捉弄 Kelly。

Gemma 把脆薯片吃光。她把小石頭放進脆薯片的袋子裡。

這時候 Kelly 來了。Gemma 問：「Kelly，妳想要吃脆薯片嗎？」

Kelly 會認為袋子裡面裝的是什麼東西呢？

事實上，袋子裡面是什麼東西呢？

記住，Kelly 能看到脆薯片的袋子，所以她會認為袋子裡面是脆薯片。

由於 Kelly 並沒有看到 Gemma 把小石頭放進脆薯片的袋子裡，所以 Kelly
不知道袋子裡是小石頭。

> 如果人們不知道事情已經發生變化了，那麼他們會覺得事情是一樣
> 的。

4. Sasha、Jasmine 和蠟筆

看！這是 Sasha。Sasha 有一盒蠟筆。
她打算捉弄 Jasmine。

Sasha 把蠟筆盒中所有蠟筆都拿出來。
她把一些迴紋針放進蠟筆盒裡。

這時候 Jasmine 要來拿蠟筆。Sasha
說：「在這裡！」

Jasmine 會認為盒子裡面裝的是什麼東西呢？

事實上，盒子裡面是什麼東西呢？

記住，Jasmine 能看到蠟筆的盒子，所以她會認為盒子裡面是蠟筆。

由於 Jasmine 並沒有看到 Sasha 把迴紋針放進蠟筆的盒子裡，所以 Jasmine 不知道盒子裡是迴紋針。

> 如果人們不知道事情已經發生變化了，那麼他們會覺得事情是一樣的。

5. Jacob、Oscar 和 OK 繃

看！這是 Oscar。Oscar 有一盒 OK 繃。他打算捉弄 Jacob。

Oscar 把 OK 繃盒裡的 OK 繃拿出來。他把一條玩具蛇放進 OK 繃盒裡。

這時候 Jacob 來拿 OK 繃。Oscar 說：「在這裡！」

Jacob 會認為盒子裡面裝的是什麼東西呢？

事實上，盒子裡面是什麼東西呢？

記住，Jacob 能看到 OK 繃的盒子，所以他會認為盒子裡面是 OK 繃。

由於 Jacob 並沒有看到 Oscar 把玩具蛇放進 OK 繃的盒子裡，所以 Jacob 不知道盒子裡是玩具蛇。

> 如果人們不知道事情已經發生變化了，那麼他們會覺得事情是一樣的。

6. Percy、Darren 和牛奶

看！這是 Percy。Percy 有一瓶牛奶。
他打算捉弄 Darren。

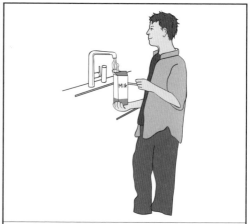

Percy 把牛奶倒出來。他把水裝進牛奶
瓶裡。

這時候 Darren 來了。Percy 問：「Dar-
ren，你想要喝牛奶嗎？」

Darren 會認為牛奶瓶裡面裝的是什麼東西呢？

事實上，牛奶瓶裡面是什麼東西呢？

記住，Darren 能看到牛奶瓶，所以他會認為牛奶瓶裡面是牛奶。

由於 Darren 並沒有看到 Percy 把水裝進牛奶瓶裡，所以 Darren 不知道牛奶瓶裡裝的是水。

> 如果人們不知道事情已經發生變化了，那麼他們會覺得事情是一樣的。

7. Judy、Dinesh 和巧克力棒

看！這是 Judy。Judy 有一條巧克力棒。她打算捉弄 Dinesh。

Judy 把巧克力棒吃光。她把一根小木棒包進巧克力棒的包裝紙裡。

這時候 Dinesh 來了。Judy 問：
「Dinesh，你想要吃巧克力棒嗎？」

Dinesh 會認為包裝紙裡面包的是什麼東西呢?

事實上,包裝紙裡面是什麼東西呢?

記住,Dinesh 能看到巧克力棒的包裝紙,所以他會認為包裝紙裡面是巧克力棒。

由於 Dinesh 並沒有看到 Judy 把小木棒放進巧克力棒的包裝紙裡,所以 Dinesh 不知道包裝紙裡是小木棒。

> 如果人們不知道事情已經發生變化了,那麼他們會覺得事情是一樣的。

8. Jodie、Delia 和軟糖

看！這是 Delia。Delia 有一袋軟糖。
她打算捉弄 Jodie。

Delia 把軟糖吃光。她把一些葡萄乾放
進軟糖的袋子裡。

這時候 Jodie 來了。Delia 問：「你想
要吃軟糖嗎？」

Jodie 會認為袋子裡面裝的是什麼東西呢？

事實上，袋子裡面是什麼東西呢？

記住，Jodie 能看到軟糖的袋子，所以她會認為袋子裡面是軟糖。

由於 Jodie 並沒有看到 Delia 把葡萄乾放進軟糖的袋子裡，所以 Jodie 不知道袋子裡是葡萄乾。

> 如果人們不知道事情已經發生變化了，那麼他們會覺得事情是一樣的。

9. Yori、Ahmed 和麵包

看！這是 Yori。Yori 旁邊有一個麵包箱。他打算捉弄 Ahmed。

Yori 從箱子拿出麵包。他把一顆蘋果放進麵包箱裡。

這時候 Ahmed 來拿麵包了。Yori 說：「麵包在箱子裡。」

Ahmed 會認為箱子裡面裝的是什麼東西呢？

事實上，箱子裡面是什麼東西呢？

記住，Ahmed 能看到麵包箱，所以他會認為箱子裡面是麵包。

由於 Ahmed 並沒有看到 Yori 把蘋果放進麵包箱裡，所以 Ahmed 不知道箱子裡是蘋果。

如果人們不知道事情已經發生變化了，那麼他們會覺得事情是一樣的。

10. Wesley、Jin 和拼圖

看！這是 Wesley。Wesley 有一盒拼圖。他打算捉弄 Jin。

Wesley 把拼圖盒裡的拼圖拿出來。他把一條繩子放進拼圖盒裡。

這時候 Jin 來拿拼圖了。Wesley 說：「在這裡！」

Jin 會認為盒子裡面裝的是什麼東西呢？

事實上，盒子裡面是什麼東西呢？

記住，Jin 能看到拼圖的盒子，所以她會認為盒子裡面是拼圖。

由於 Jin 並沒有看到 Wesley 把繩子放進拼圖的盒子裡，所以 Jin 不知道盒子裡是繩子。

> 如果人們不知道事情已經發生變化了，那麼他們會覺得事情是一樣的。

階段 6　嵌入式信念

　　階段 6 鼓勵孩童依據嵌入式信念來預測人們的行動（一人認為另一人的「錯誤」想法），並連結另一人的行動與其信念。舉例而言，我知道 Simon 的外套掛在櫃子裡（因為是我放的）。我也知道 Simon 的（錯誤）信念是他的外套在椅背上（因為是他放的）。因此，我會推測 Simon 會去椅子那裡拿他的外套。階段 6 激勵孩童去理解人們會有對於他人怎麼想的信念。

　　階段 6 的舉例場景，是由階段 5 的教材所延伸及修改而來，其中同樣包括兩項任務：

階段 6A：非預期的換位置活動——要求孩童去預測甲方會去哪裡取回物品。在這個情況下，甲方的行為聯繫著乙方的信念，指的就是關於甲方對於物品位置的錯誤信念。

階段 6B：非預期的內容活動——這個任務是要求孩童根據他人的認知來預測他們的行動。這個階段，孩童需理解人們對於眼前盒子裡的內容物會有一種一般性的預期（例如，糖果盒裡面有糖果）。當甲方持有對乙方關於認知內容的錯誤信念，讓孩童預測甲方會認為乙方將說盒子裡是什麼東西。

階段 6A | 非預期的換位置活動

要求孩童基於甲方對於乙方的認知所持有的錯誤信念，來預測乙方的行為。

1. Hannah、Harry 和跳繩

看！他們是 Harry 和 Hannah。Harry 有一條跳繩。Harry 把跳繩放在桌上。

Harry 去花園玩了。Hannah 把桌上的跳繩放進櫃子裡。

看！Harry 能夠從窗戶看到 Hannah 正在做什麼。

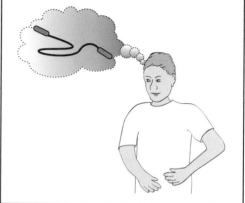

Harry 要回來拿跳繩。

Hannah 會認為 **Harry** 要去哪裡拿跳繩呢？

記住，Hannah 不知道 Harry 有看到她把跳繩放進櫃子裡；她會認為 Harry 要去桌子拿跳繩。

Harry 會去哪裡拿跳繩呢？

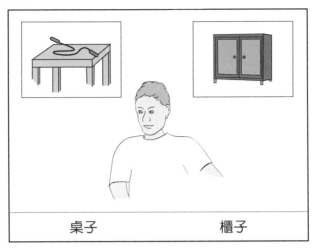

記住，由於 Harry 有看到 Hannah 把跳繩放進櫃子裡，所以他會去櫃子拿跳繩。

你記得 Harry 一開始把跳繩放在哪裡嗎？

> 如果人們有看到事情發生變化，他們就會知道事情有改變了。

2. Dennis、Agnes 和粉筆

看！他們是 Agnes 和 Dennis。 Agnes 有一些粉筆。Agnes 把粉筆放在抽屜裡。

Agnes 出去拿一些紙。Dennis 把抽屜的粉筆放進他的外套口袋裡。

看！Agnes 能夠從窗戶看到 Dennis 正在做什麼。

Agnes 要回來拿粉筆。

Dennis 會認為 **Agnes** 要去哪裡拿粉筆呢？

記住，Dennis 不知道 Agnes 有看到他把粉筆放進外套口袋；他會認為 Agnes 要去抽屜拿粉筆。

Agnes 會去哪裡拿粉筆呢？

| 抽屜 | 外套口袋 |

記住，由於 Agnes 有看到 Dennis 把粉筆放進外套口袋裡，所以她會去外套口袋拿粉筆。

你記得 Agnes 一開始把粉筆放在哪裡嗎？

> 如果人們有看到事情發生變化，他們就會知道事情有改變了。

3. Paige、Winnie 和手搖鈴

看！她們是 Paige 和 Winnie。午餐時間快到了，Paige 準備要去搖鈴。Paige 把手搖鈴放在地上。

Paige 出去拿外套。Winnie 把地上的手搖鈴藏在她的外套下面。

看！Paige 能夠從窗戶看到 Winnie 正在做什麼。

Paige 要回來拿手搖鈴。

Winnie 會認為 **Paige** 要去哪裡拿手搖鈴呢？

記住，Winnie 不知道 Paige 有看到她把手搖鈴藏在外套下面；她會認為 Paige
要去地上拿手搖鈴。

Paige 會去哪裡拿手搖鈴呢？

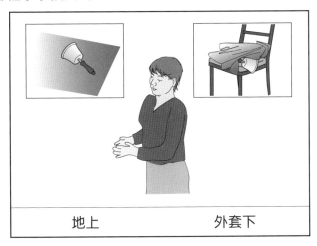

地上	外套下

記住，由於 Paige 有看到 Winnie 把手搖鈴藏在外套下面，所以她會去外套
下面拿手搖鈴。

你記得 Paige 一開始把手搖鈴放在哪裡嗎？

> 如果人們有看到事情發生變化，他們就會知道事情有改變了。

4. Adam、Jeremy 和作業單

看！他們是 Adam 和 Jeremy。 Adam 有一張作業單。Adam 把作業單放在文件夾中。

Adam 去騎腳踏車。Jeremy 把文件夾中的作業單藏到他的背包裡。

看！Adam 能夠從窗戶看到 Jeremy 正在做什麼。

Adam 要回來拿作業單。

Jeremy 會認為 **Adam** 要去哪裡拿作業單呢?

記住,Jeremy 不知道 Adam 有看到他把作業單藏進背包裡;他會認為 Adam 要去文件夾那裡拿作業單。

Adam 會去哪裡拿作業單呢?

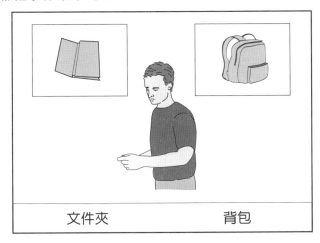

文件夾   背包

記住,由於 Adam 有看到 Jeremy 把作業單藏進背包裡,所以他會去背包裡拿作業單。

你記得 Adam 一開始把作業單放在哪裡嗎?

> 如果人們有看到事情發生變化,他們就會知道事情有改變了。

5. Ellis、Elexa 和球

看！他們是 Ellis 和 Elexa。Elexa 有一顆球。Elexa 把球放在草地上。

Elexa 去拿她的手套。Ellis 把球踢到草叢裡面。

看！Elexa 能夠從窗戶看到 Ellis 正在做什麼。

Elexa 要回來拿球。

Ellis 會認為 **Elexa** 要去哪裡拿球呢？

記住，Ellis 不知道 Elexa 有看到他把球踢進草叢裡；他會認為 Elexa 要去草地上拿球。

Elexa 會去哪裡拿球呢？

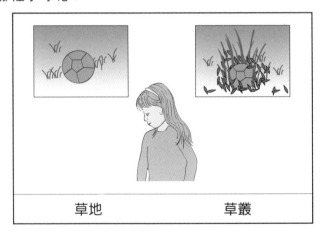

| 草地 | 草叢 |

記住，由於 Elexa 有看到 Ellis 把球踢進草叢裡，所以她會去草叢拿球。

你記得 Elexa 一開始把球放在哪裡嗎？

如果人們有看到事情發生變化，他們就會知道事情有改變了。

階段 6B　非預期的內容活動

要求孩童基於甲方對於乙方認知的錯誤信念，來預測乙方將會說什麼。

1. Nicola、Gerard 和巧克力豆

看！這是 Nicola。Nicola 有一盒巧克力豆。她打算捉弄 Gerard。

Nicola 把巧克力豆吃光。她把一枝鉛筆放進巧克力豆的盒子裡。

看！Gerard 正在看著 Nicola。他看到她把一枝鉛筆放進巧克力豆的盒子裡。

Gerard 來了。Nicola 問：「Gerard，你認為巧克力豆盒裡面是什麼東西呢？」

Nicola 會認為 **Gerard** 將要說盒子裡面是什麼東西呢？

記住，Nicola 不知道 Gerard 有看到她把鉛筆放進巧克力豆盒子裡，所以她認為 Gerard 會說盒子裡面是巧克力。

Gerard 會說盒子裡面是什麼東西呢？

記住，Gerard 有看到 Nicola 把鉛筆放進巧克力豆盒子裡，所以他會說盒子裡面是鉛筆。

> 如果人們有看到事情發生變化，他們就會知道事情有改變了。

2. Gavin、Kathleen 和雞蛋

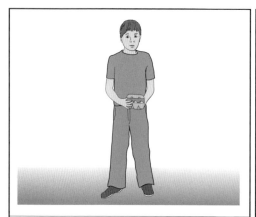

看！這是 Gavin。Gavin 有一盒雞蛋。他打算捉弄 Kathleen。

Gavin 把雞蛋盒裡的雞蛋都拿出來。他把一隻玩具蜘蛛放進雞蛋盒裡。

看！Kathleen 正在看著 Gavin。她看到他把一隻玩具蜘蛛放進雞蛋盒裡。

Kathleen 來了。Gavin 問：「Kathleen，妳認為雞蛋盒裡面是什麼東西呢？」

Gavin 會認為 **Kathleen** 將要說盒子裡面是什麼東西呢？

記住，Gavin不知道Kathleen有看到他把玩具蜘蛛放進雞蛋盒裡，所以他認為 Kathleen 會說盒子裡面是雞蛋。

Kathleen 會說盒子裡面是什麼東西呢？

記住，Kathleen有看到Gavin把玩具蜘蛛放進雞蛋盒裡，所以她會說盒子裡面是蜘蛛。

> 如果人們有看到事情發生變化，他們就會知道事情有改變了。

3. Sasha、Jasmine 和蠟筆

看！這是 Sasha。Sasha 有一盒蠟筆。她打算捉弄 Jasmine。

Sasha 把蠟筆盒中所有蠟筆都拿出來。她把一些迴紋針放進蠟筆盒裡。

看！Jasmine 正在看著 Sasha。她看到她把一些迴紋針放進蠟筆盒裡。

Jasmine 來了。Sasha 問：「Jasmine，妳認為蠟筆盒裡面是什麼東西呢？」

概念觀點取替

Sasha 會認為 **Jasmine** 將要說盒子裡面是什麼東西呢？

記住，Sasha 不知道 Jasmine 有看到她把迴紋針放進蠟筆盒裡，所以她認為 Jasmine 會說盒子裡面是蠟筆。

Jasmine 會說盒子裡面是什麼東西呢？

記住，Jasmine 有看到 Sasha 把迴紋針放進蠟筆盒裡，所以她會說盒子裡面是迴紋針。

> 如果人們有看到事情發生變化，他們就會知道事情有改變了。

4. Oscar、Jacob 和 OK 繃

看！這是 Oscar。Oscar 有一盒 OK 繃。他打算捉弄 Jacob。

Oscar 把 OK 繃盒裡的 OK 繃拿出來。他把一條玩具蛇放進 OK 繃盒裡。

看！Jacob 正在看著 Oscar。他看到他把一條玩具蛇放進 OK 繃盒裡。

Jacob 來了。Oscar 問：「Jacob，你認為 OK 繃盒裡面是什麼東西呢？」

Oscar 會認為 **Jacob** 將要說盒子裡面是什麼東西呢？

記住，Oscar 不知道 Jacob 有看到他把玩具蛇放進 OK 繃盒裡，所以他認為 Jacob 會說盒子裡面是 OK 繃。

Jacob 會說盒子裡面是什麼東西呢？

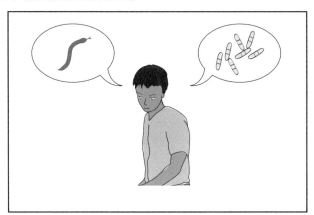

記住，Jacob 有看到 Oscar 把玩具蛇放進 OK 繃盒裡，所以他會說盒子裡面是玩具蛇。

> 如果人們有看到事情發生變化，他們就會知道事情有改變了。

5. Wesley、Jin 和拼圖

看！這是 Wesley。Wesley 有一盒拼圖。他打算捉弄 Jin。

Wesley 把拼圖盒裡的拼圖拿出來。他把一條繩子放進拼圖盒裡。

看！Jin 正在看著 Wesley。她看到他把一條繩子放進拼圖盒裡。

Jin 來了。Wesley 問：「Jin，妳認為拼圖盒裡面是什麼東西呢？」

Wesley 會認為 **Jin** 將要說盒子裡面是什麼東西呢？

記住，Wesley 不知道 Jin 有看到他把繩子放進拼圖盒裡，所以他認為 Jin 會
說盒子裡面是拼圖。

Jin 會說盒子裡面是什麼東西呢？

記住，Jin 有看到 Wesley 把繩子放進拼圖盒裡，所以她會說盒子裡面是繩
子。

如果人們有看到事情發生變化，他們就會知道事情有改變了。

附錄：教導自閉症光譜障礙（ASC）孩童及成人心智理論相關研究之摘要表

作者	年齡與口語心智年齡（VMA）	心智理論作業任務	教學時間	前測與後測	主要發現
Ozonoff 和 Miller（1995）	教學組（自閉症光譜障礙孩童）：數量＝5；平均年齡＝13.8；範圍＝13.5-14.0；平均VIQ＝88；範圍＝74-99。 典型發展孩童：數量＝4；平均年齡＝13.6；範圍＝11.3-16.2；平均VIQ＝94；範圍＝66-104。	(i)看到導致知道：初級、次級與第三級心智理論。教學涉及到一般原則之使用。 (ii)社交技巧訓練：角色扮演與錄影帶示範教學、焦點在於互動／包括閱讀表達、遊戲及團體活動的會話技巧。	每節90分鐘，共14次。無後續追蹤。	(i)初級、次級與第三級心智理論作業任務。 (ii)父母與教師在社交技巧與分系統中的報告結果。	(i)前測中結果進行事後比較，4/5孩童通過心智理論測驗（相較1/4的控制組） (ii)父母與教師在社交技巧評分系統中的報告結果，前測及後測皆無改變。

《教導自閉症光譜障礙者心智解讀：工作手冊》

Teaching Children with Autism to Mind-Read: The Workbook. First Edition.

Julie A. Hadwin、Patricia Howlin 與 Simon Baron-Cohen 著

王淑娟、賴珮如、胡書維譯

© 2015 John Wiley & Sons, Ltd. Published 2015 by John Wiley & Sons, Ltd.

© 2019 心理出版社股份有限公司

作者	年齡與口語心智年齡（VMA）	心智理論作業任務	教學時間	前測與後測	主要發現
Hadwin、Baron-Cohen、Howlin 和 Hill（1996, 1997）	數量 = 30 個自閉症光譜障礙兒童分別分布在三個教學組；平均年齡 = 9.2；範圍 = 4.4-13.7；平均 VMA（接受性語言語法）= 5.2；範圍 = 3.03-9.0。	(i)遊戲組：運用玩具以鼓勵孩童透過五個階段來進行主動至假裝性遊戲。(ii)情緒組：透過五個階段圖畫來進行臉部認至基於信念之情緒。(iii)信念組：運用圖畫和玩偶為本位來進行從基本觀點至錯誤信念的五個階段教學。教學涉及訂正性回饋與一般原則之使用。	每節 30 分鐘，共 8 次。2 個月的後續追蹤。	(i)信念、情緒和假裝性遊戲。(ii)會話能力與自發性使用繪本作業中的心智狀態專有名詞。	(i)所有孩童皆能逐步學習從情緒到信念的心智理論。透過教學，無法顯著增加自發性的假裝性遊戲能力。在一個月間，亦無法類化與維持至未教學（相似）作業。(ii)未能證實教學可以讓孩童在新奇作業或是發展更會話語能力，以及使用言語中的心智狀態語言有所成效。
Starr 和 Baine（1996）	自閉症光譜障礙兒童 = 數量 = 5；平均年齡 = 10.7；範圍 = 9.4-12.1；平均 VMA（接受性語言法）= 4.42；範圍 = 3.5-4.7。	(i)顏色及大小 A-R 作業。教學時以矯正性回饋進行四個階段的直接教導，從階段一的示範 A-R 任務至階段四的引發孩童至整體的改變。	每天 1 節 15 分鐘，共 10 天。無後續追蹤。	(i)顏色及大小 A-R 作業。(ii)未教學之顏色及大小 A-R 作業。	3/5 孩童能通過顏色及大小 A-R 作業，以及顯示有些能力可以通過未教學的版本。
Swettenham（1996）	數量 = 8 位孩童分為 3 組：(i)自閉症光譜障礙孩童 3 組：平均年齡 = 10.9；範圍 = 5.6-	(i)錯誤信念以語言（電腦呈現）回饋訂正性回饋。	2 × 4 節。3 個月的後續追蹤。	(i)真實信念和錯誤信念作業：玩電腦程式圖畫為基礎的錯誤信念作業；欺騙性內容作業。	(i)所有孩童顯示皆能學習，且能通過在後教導與追蹤相似的作業。

作者	年齡與口語心智年齡（VMA）	心智理論作業任務	教學時間	前測與後測	主要發現
	15.10；平均VMA（接受性語言法）年齡＝3.8；範圍＝3.1-4.2。(ii)唐氏症孩童：平均年齡＝11.9；範圍＝5.9-15.6；平均VMA＝3.9；範圍＝3.3-4.1。(iii)典型發展孩童：平均年齡＝3.5；範圍＝3.3-3.8；平均VMA＝3.7；範圍＝3.3-4.1。				(ii)典型發展孩童及唐氏症孩童皆能使用他們的知識通過新奇作業，但沒有任何一個自閉症孩童可以顯示這個技巧。
Swettenham、Baron-Cohen、Gomez和Walsh（1996）	自閉症光譜障礙孩童：數量＝8；平均年齡＝11.6；範圍＝8.9-14.4；平均VMA（接受性語言法）＝6.0；範圍＝5.0-6.0。	(i)透過四階段使用模擬頭部照片的心智理論教學：理解我們可以運用頭部的圖片代表這個世界，用它們預測心智狀態，包含錯誤信念及行為。	每節60分鐘，共5次。無後續追蹤。	(i)看到導致知道；錯誤信念；欺騙性內容；A-R作業。	(i)8個孩童可以學習到以頭部的圖片呈現工作狀態，以及7/8能夠使用這些能力來預測行為。(ii)有一些事實顯示可類化到非教導過的作業（7個孩童能通過後測的錯誤信念測驗），同時於新奇作

作者	年齡與口語心智年齡（VMA）	心智理論作業任務	教學時間	前測與後測	主要發現
Bowler 和 Strom (1998)	(i)教學組：自閉症光譜障礙孩童：數量＝9；平均年齡＝10.6；平均VMA（接受性語言語法）＝5.9。學習困難孩童：數量＝8；平均年齡＝10.9；平均VMA＝5.7。典型（較年長）：數量＝15；平均年齡＝3.10。和較年幼：數量＝15；平均年齡＝3.3。(ii)控制組：CWA：數量＝8；平均年齡＝10.6；平均VMA	(i)在實驗組（有提示）對照控制組（無提示），運用額外的提示（行為、臉部表情、自身錯誤信念）來促進心智理論錯誤信念作業的表現。	以一節錯誤信念故事課程重複連續四次測試。	(i)在有或無線索下，詢問教學組他人錯誤信念。(ii)給予控制組二次標準化的自我信念作業。	業（6個孩童通過看到教致知道的作業）；在教學過後，3個孩童通過欺騙性的內容童通過欺騙性的內容任務。沒有孩童通過A至R的測驗。(i)8/9自閉症光譜障礙孩童通過線索信及情緒線索的錯誤信念測驗（與3/8自閉症光譜障礙孩童在無線索的情況下進行比較）。等同於較年長孩童的典型發展孩童為5/15和0/10。(ii)年幼的孩和學習困難的孩童並無顯示可以應用線索來強化其表現。

作者	年齡與口語心智年齡（VMA）	心智理論作業任務	教學時間	前測與後測	主要發現
	（接受性語言語法）＝5.9。學習困難組：數量＝8；平均年齡＝10.9；平均VMA＝5.7。典型（較年長）：數量＝15；平均年齡＝3.10；和較年幼：數量＝15；平均年齡＝3.3。				
McGregor、Whiten、Blackburn（1998）模擬頭部圖片之轉換。	數量＝5位自閉症光譜障礙成人：平均年齡22-39；平均VMA（接受性語言語法）＝4.7；範圍＝4.3-4.9。數量＝5位自閉症光譜障礙孩童：平均年齡9-17；平均VMA（接受性語言語法）＝4.0；範圍＝3.0-5.0。	(i)使用玩偶及影帶的模擬頭部圖片，進行看到導致知道和道錯誤信念測驗。	至多3小時。	(i)三項錯誤信念作業影帶。無後續追蹤。	本研究有些微的改變。7/10（3個成人和4個孩童）和4/10（2個成人和2個孩童）個別通過第2及第3末教學後測作業。〔與5/10（3個成人和2個孩童）比較，他們通過1/2的前測。〕

作者	年齡與口語心智年齡（VMA）	心智理論作業任務	教學時間	前測與後測	主要發現
McGregor、Whiten、Blackburn (1998)　教導心智理論。	數量＝8個成人和數量＝8個自閉症光譜障礙孩童分組教學：數量＝8；平均年齡＝17.9；範圍＝8.6-28；平均VMA（接受性語言語法）＝4.3；範圍＝3.0-5.9；和控制組：數量＝8；平均年齡＝21.8；平均VMA＝14.0-39.0；平均VMA（接受性語言語法）＝3.11；範圍＝3.0-4.9。數量＝32個典型發展孩童分派為實驗組：數量＝16；平均年齡3.3；範圍＝3.0-3.8；平均VMA（接受性語言語法）＝3.9；範圍＝3.0-5.6；和控制組：數量＝16；平均年齡3.4；範圍＝2.11-3.9；平均VMA（接受性語言語法）＝3.6；範圍＝3.0-5.3。	實驗組和控制組皆聆聽一系列的故事。控制組的故事未包含錯誤信念的內容。	介入分為3個部分，每個部分有4、6或4個重複的2個故事。1-3部分強調意圖、模擬頭部圖片和意圖別使用圖片及部分直到故事／部分的教學數量可能達到8至28。	(i)錯誤信念轉移（他人一玩偶和真實一自我）。(ii)欺騙性內容作業及A-R作業。	(i)與控制組相較，教學組中5/6的成人和自閉症光譜障礙孩童發展以及6/6的典型發展孩童在後測皆表現較佳。(ii)在教學後，所有成人及自閉症光譜障礙孩童皆能通過自我錯誤信念測驗。(iii)典型發展孩童透過教學皆能通過真實生活錯誤信念作業。

作者	年齡與口語心智年齡（VMA）	心智理論作業任務	教學時間	前測與後測	主要發現
Ghim、Lee和 Park（2001）	三個部分的研究包含 自閉症光譜障礙孩 童：數量＝13；範圍 ＝4.9-18.4；平均 VMA 年齡（字彙） ＝7.0；範圍： 4.9-9.1。 典型發展孩童：平均 年齡＝5.5；範圍＝ 4.7-5.6；平均VMA ＝5.9；範圍＝ 4.9-6.9。 學習困難孩童：平均 年齡＝10.3；範圍＝ 5.5-19.1；平均VMA ＝5.3；範圍＝ 3.3-8.9。（數量＝16 個自閉症光譜障礙孩 童；數量＝11個學 習困難孩童；和數量 ＝7個典型發展孩童 參與心智理論教學測 驗。）	(i)每個範例皆包含看 到導致錯知道、真實信 念和錯誤信念轉移作 業。	三個故事，各個故事 進行大約30分鐘。	(i)電腦輔助進行錯誤 信念轉移作業和未預 期轉移作業。（前 測、後測使用不同版 本，並且進行2週後 續追蹤。）	典型發展孩童和自閉 症光譜障礙孩童通過 未教學及新奇心智理 論測驗在後測及後續 追蹤。學習障礙孩童 的情況有一些進步； 但這與其他組相較之 下，在追蹤期期其表現 是下降的。

作者	年齡與口語心智年齡（VMA）	心智理論作業任務	教學時間	前測與後測	主要發現
Silver和Oakes（2001）	隨機控制實驗的電腦訓練：平均年齡＝13.11；平均VMA＝10.8；和控制組：數量＝11；平均年齡＝14.9；平均VMA＝12.0。	運用獎勵和提示的電腦介入包含五個部分：(1)臉部表情；(2)情境本位的情緒；(3)欲望本位的情緒；(4)信念和情緒；以及(5)喜惡和情緒。孩童需通過每個部分包含的20個問題，以便進入下個部分。	訓練組：2至3週10次電腦課程（平均8.4）。控制組：一般教學。無後續追蹤。	(i)臉部表情的情緒辨識；情境、欲望和信念。(ii)數量＝20個奇怪故事。無後續追蹤。	(i)與控制組相較（臉部表情除外）的前後測數據有所進步。(ii)與控制組相較，教學組在奇怪故事作業有明顯的進步。
LeBlanc、Coates、Daneshvar、Charlop-Christy、Morris和Lancaster（2003）	數量＝3；年齡7.3、7.0及13.0歲；個別VMA＝4.10、6.6和15.0歲。	成人透過影片的重點繼續，以足跡提示和欺騙性內容來示範錯誤信念信念轉移作業。用食物和貼紙獎勵正確答案；答錯時影帶會重複播放。每項作業需有三次正確反應。	教學課程持續直到達到通過標準（大約有10個教學課程，每個課程4-10分鐘）。無後續追蹤。	(i)尋實測驗以足跡提示、欺騙性內容和標準錯誤信念轉移作業。無後續追蹤。	(i)教學中，孩童皆能通過作業。2/3的孩童顯示某些類化能力來通過後測錯誤信念作業。

作者	年齡與口語心智年齡（VMA）	心智理論作業任務	教學時間	前測與後測	主要發現
Wellman、Baron-Cohen、Caswell、Carlos Gomez、Swettenham、Toye 和 Lagattuta（2002）	研究1：數量＝7；平均年齡＝11.2；範圍＝8-18；平均VMA（接受性語言＋語法）＝5.5；範圍＝4.0-6.6。研究2：數量＝10；平均年齡＝11.2；範圍＝5-17；平均VMA（接受性語言＋語法）＝11.2；範圍＝4.0-8.0。	兩項研究中，五階段的教學皆運用想法泡泡和玩偶，從介紹想法泡泡泡（層次1）、思考物件維持在原位（層次2）；物件改變位置（層次3）；隱藏物件（層次4）；至錯誤信念轉移作業（層次5）。	至多5個半小時的課程。無後續追蹤。	研究1：錯誤信念轉移作業和欺騙信念內容錯誤信念作業。研究2：看到導致知道作業。	(i)研究1：所有孩童在與教學內容類似之後測作業中（無想法泡泡），表現些許進步，但在未教學內容作業則未呈現進步。(ii)研究2：7/10的孩童在與教學內容相似的後測作業，表現些許進步。4/10的孩童的新奇之看到未教學致知道作業呈現進步。
Fisher 和 Happé（2005）	數量＝7個控制組（未訓練）：平均年齡＝9.67；平均VMA（接受性語言＋語法）＝4.49；數量＝10個心智理論教學組：平均年齡＝10.50；平均VMA＝5.00；數量＝10個執行功能（EF）教學組：平均年齡＝	(i)五層次的心智理論教學：介紹頭部圖像（picture in the head）（層次1）；想量與行為（層次2）；不同想法（層次3）；錯誤想法（層次4）；想法和思考（層次5）。(ii)五階段的執行功能（EF）教能（EF）教學：改	(i)每節25分鐘，共2次，直到孩童達到標準（至多8天）。2個月的後續追蹤。	(i)心智理論測驗包含錢幣尋寶作業；看到導致知道；知道與猜測；用眼利斷表情錯誤照片作業。(ii)運用威斯康辛（Wisconsin）卡片排序作業和訓練作業、測量EF的轉變。(iii)教師回報孩童在	(i)運用綜合分數評估心智理論的變化情況。後測和後續追蹤的分數，與心智理論教學組的前測明顯不同。教學組最大的成效在於增進接受性語言語法技巧。心智理論教學未能增進EF分數。在控制組沒有任何改變。

作者	年齡與口語心智年齡 (VMA)	心智理論作業任務	教學時間	前測與後測	主要發現
	10.68；平均VMA = 5.35。	變我們工作方式「大腦工具」(brain tools)(層次1)；改變大腦工具(層次2)；改變和不同的大腦工具(層次3)；改變大腦工具的中期作業(層次4)；和要使用什麼樣的大腦工具(層次5)。		日常生活中使用心智理論或EF的情況。	(ii)EF教學未能導致在未教學作業之EF技能的提升。(iii)在EF教學組的後續追蹤，心智理論出現明顯的改變。(iv)具較佳心智理論的孩童在EF教學中出現較快速的學習。
Feng、Lo、Tsai和Cartledge(2008)	單一個案研究：年齡=11；全量表智商(FSIQ)=85。	(i)心智理論和社交技巧訓練方案。進行連續且分級的教學任務、分為三階段：欲望本位；情緒解讀；信念(階段1)；初級錯誤信念(階段2)；和次級錯誤信念(階段3)。(ii)藉由筆記型電腦和角色扮演呈現教學腳本、使用示範、訂正性回饋和獎勵。	(i)每週4次40分鐘一對一的教學課程(至一的教學課程32次課程)。(ii)小組教學(29次課程)設置。(iii)6次持續性課程。1週的後續追蹤。	(i)社交行為；欲望及信念本位的情緒解讀和次級錯誤信念。(ii)教師評分社交行為及同儕互動。(iii)8次午餐時間的觀察課程。	(i)透過分級制的教學，孩童通過心智理論測驗，呈現進步。(ii)訓練成效可以提升社交互動和更適切的互動，以及新奇社交行為。

注意：研究依照時間順序呈現。有些研究實際上採用不同要素所組成的口語心智年齡（VMA）分數（例如：接受性語言和學彙），以及非口語指心智年齡（例如：Raven's CPM分數）。上表中只提供一個分數。VIQ指的是口語智商（verbal intelligence quotient）。類化分數泛指未指教學測驗的成效（在概念和結構上與教學內容相似）或是更新奇作業（在概念上相似，但結構教學內容不同）。

參考書目

1. American Psychiatric Association (2000). *Diagnostic and Statistical Manual for Mental Disorders. Fourth Edition. Text Revision.*

2. Dennett, D.C. (1978). *Brainstorms. Philosophical Essays on Mind and Philosophy*. Brighton: Harvester.

3. Baron-Cohen, S. Theory of mind and autism: A fifteen year review. In S. Baron-Cohen, H. Tager-Flusberg, D.J. Cohen (Eds). *Understanding Other Minds: Perspectives from Developmental Cognitive Neuroscience* (2nd ed., pp. 3–20). New York: Oxford University Press.

4. Baron-Cohen, S., Leslie, A.M. & Frith, U. (1985). Does the autistic child have a theory of mind? *Cognition, 21*, 37–46.

5. Harris, P.L., Johnson, C.N., Hutton, D., Andrews, G.M. and Cooke, T. (1989). Young children's theory of mind and emotion. *Cognition and Emotion, 3*, 379–400.

6. Wimmer, H. & Perner, J. (1983). Beliefs about beliefs: Representation and constraining function of wrong beliefs in young children's understanding of deception. *Cognition, 13*, 103–28.

7. Perner, J. (1993) *Understanding the Representational Mind*. London: MIT Press.

8. Wellman, H.M., Cross, D. & Watson, J. (2001). Meta-analysis of theory of mind development: The truth about false belief. *Child Development, 72*, 655–84.

9. Baron-Cohen, S., Baldwin, D. & Crowson, M. (1997). Do children with autism use the Speaker's Direction of Gaze (SDG) strategy to crack the code of language? *Child Development, 68*, 48–57.

10. Saxe, R. & Baron-Cohen, S. (2006). Editorial: The neuroscience of theory of mind. *Social Neuroscience, 1*, 1–9.

11. Dunn, J.R., Brown, C., Slomkowski, C., Tesla, C. & Youngblade, L. (1991). Young children's understanding of other people's feelings and beliefs: Individual differences and their antecedents. *Child Development, 62*, 1352–66.

12. Perner, J., Ruffman, T. & Leekam, S.R. (1994). Theory of mind is contagious: You catch it from your sibs. *Child Development, 4*, 1228–38.

13. McElwain, N.L. & Volling, B.L. (2004). Attachment security and parental sensitivity during infancy: Associations with friendship quality and false belief understanding at age four. *Journal of Social and Personal Relationships, 21*, 639–67.

14. Stiller, J. & Dunbar, R. (2007). Perspective-taking and social network size in humans. *Social Networks 29*, 93–104.

《教導自閉症光譜障礙者心智解讀：工作手冊》

Teaching Children with Autism to Mind-Read: The Workbook. First Edition.

Julie A. Hadwin、Patricia Howlin 與 Simon Baron-Cohen 著

王淑娟、賴珮如、胡書維譯

© 2015 John Wiley & Sons, Ltd. Published 2015 by John Wiley & Sons, Ltd.

© 2019 心理出版社股份有限公司

15. Liddle, B. & Nettle, D. (2006). Higher-order theory of mind and social competence in school-age children. *Journal of Cultural and Evolutionary Psychology*, *4*, 231–46.

16. Luckett, T., Powell, S.D., Messer, D.J., Thornton, M.E. & Schultz, J. (2002). Do children with autism who pass false belief tasks understand the mind as active interpreter? *Journal of Autism and Developmental Disorders*, *32*, 127–40.

17. Frith, U., Happé, F. & Siddons, F. (1994). Autism and theory of mind in everyday life. *Social Development*, *3*, 108–24.

18. Plumet, M-H. & Tardiff, C. (2005). Understanding the functioning of social interaction with autistic children. In L. Anolli, S. Duncan Jr, M.S. Magnusson, & G. Riva (Eds). *The Hidden Structure of Interaction: From neurons to culture patterns*. Amsterdam: IOS Press. Available at www.emergingcommunication.com.

19. Swettenham, J. (2000). Teaching theory of mind to individuals with autism. In S. Baron-Cohen, H. Tager-Flusberg & D.J. Cohen (Eds). *Understanding Other Minds* (pp. 442–56). Oxford: Oxford University Press.

20. Castelli, F., Frith, C., Happé, F. & Frith, U. (2002). Autism, Asperger Syndrome, and brain mechanisms for the attribution of mental states to animated shapes. *Brain*, *125*, 1839–49.

21. Senju, A., Southgate, V., White, S. & Frith, U. (2009). Mindblind eyes: An absence of spontaneous theory of mind in Asperger Syndrome. *Science*, *325*, 883–5.

22. Gallagher, H.L., Happé, F., Brunswick, N. et al. (2000). Reading the theory of mind in cartoons and stories: An fMRI study of "theory of mind" in verbal and non-verbal tasks. *Neuropsychologia*, *38*, 11–21.

23. Frith, U. & Frith, C. (2003). Development and neurophysiology of mentalising. *Philosophical Transactions, Series B*, *358*, 459–73.

24. Kana, R.K., Keller, T.A., Cherkassky, V.L., Minshew, N.J. & Just, M.A. (2009). Atypical frontal-posterior synchronization of Theory of Mind regions in autism during state attribution. *Social Neuroscience*, *4*, 135–52.

25. Charman, T., Baron-Cohen, S., Swettenham, J., Baird, G., Cox, A. & Drew, A. (2000). Testing joint attention, imitation, and play as infancy precursors to language and theory of mind. *Cognitive Development*, *15*, 481–98.

26. Osterling J. & Dawson, G. (1994). Early recognition of children with autism: A study of first birthday home videotapes. *Journal of Autism and Developmental Disorders*, *17*, 247–57.

27. Mundy, P. & Gomes, A. (1998). Individual differences in joint attention skill development in the second year. *Infant Behavior and Development*, *21*, 469–82.

28. Steele, S., Joseph, R.M. & Tager-Flusberg, H. (2003). Developmental change in theory of mind abilities in children with autism. *Journal of Autism and Developmental Disorders*, *33*, 461–7.

29. Wellman, H.M. & Liu, D. (2004). Scaling of theory-of-mind tests. *Child Development*, *75*, 523–41.

30. Bartsch, K. & Wellman, H.M. (1995). *Children Talk about the Mind*. New York: Oxford University Press.

31. Flavell, J.H., Flavell, E.R., Green, F.L. & Moses, L.J. (1990). Young children's understanding of fact beliefs versus value beliefs. *Child Development, 61*, 915–28.

32. Gopnik, A. & Slaughter, V. (1991). Young children's understanding of changes in their mental states. *Child Development, 62*, 98–110.

33. Wellman, H.M. & Woolley, J.D. (1990). From simple desires to ordinary beliefs: The early development of everyday psychology. *Cognition, 35*, 245–75.

34. Happé, F.G.E. (1994). An advanced test of theory of mind: Understanding of story characters' thoughts and feelings by able autistic, mentally handicapped, and normal children and adults. *Journal of Autism and Developmental Disorders, 24*, 129–54.

35. Joliffe, T. & Baron-Cohen, S. (1999). The Strange Stories test: A replication with high-functioning adults with autism or Asperger Syndrome. *Journal of Autism and Developmental Disorders, 29*, 395–406.

36. Kaland, N., Møller-Nielsen, A., Smith, L., Lykke Mortensen, E., Callesen, K. & Gottlieb, D. (2005). The Strange Stories test: A replication study of children and adolescents with Asperger Syndrome. *European Child and Adolescent Psychiatry, 14*, 73–82.

37. White, S., Hill, E., Happé, F. & Frith, U. (2009). Revisiting the strange stories: revealing mentalizing impairments in autism. *Child Development, 80*, 1097–117.

38. Perner, J. & Wimmer, H. (1985). "John thinks that Mary thinks that…" Attribution of second-order beliefs by 5- to 10-year-old children. *Journal of Experimental Child Psychology, 39*, 437–71.

39. Howlin, P., Baron-Cohen, S. & Hadwin, J.A. (1999). *Teaching Children with Autism to Mind-Read*. Chichester: John Wiley and Sons.

40. Wellman, H.M., Baron-Cohen, S., Caswell, R. et al. (2002). Thought-bubbles help children with autism acquire an alternative to a theory of mind. *Autism, 6*, 343–63.

41. Hadwin, J.A., Baron-Cohen, S., Howlin, P. & Hill, K. (1996). Can we teach children with autism to understand emotions, belief or pretence? *Development and Psychopathology, 8*, 345–65.

42. McGregor, E., Whiten, A. & Blackburn, P. (1998). Teaching theory of mind by highlighting intention and illustrating thoughts: A comparison of their effectiveness with 3-year-olds and autistic individuals. *British Journal of Developmental Psychology, 16*, 281–300.

43. Swettenham, J., Baron-Cohen, S., Gomez, J-C. & Walsh, S. (1996). What's inside someone's head? Conceiving of the mind as a camera helps children with autism acquire an alternative to a theory of mind. *Cognitive Neuropsychiatry, 1*, 73–88.

44. Fisher, N. & Happé, F. (2005). A training study of theory of mind and executive function in children with autistic spectrum disorders. *Journal of Autism and Developmental Disorders, 35*, 757–71.

45. Ozonoff, S. & Miller, J.N. (1995). Teaching theory of mind: A new approach to social skills training for individuals with autism. *Journal of Autism and Developmental Disorders, 25*, 415–33.

46. Swettenham, J. (1996). Can children with autism be taught to understand false beliefs using computers? *Journal of Child Psychology and Psychiatry, 37*, 157–65.

47. Silver, M. & Oakes, P. (2001). Evaluation of a new computer intervention to teach people with autism or Asperger Syndrome to recognise and predict emotions in others. *Autism, 5*, 299–316.

48. Feng, H., Ya-yu, L., Tsai, S. & Cartledge, G. (2008). The effects of theory of mind and social skill training on the social competence of a sixth grade student. *Journal of Positive Behavior Intervention, 10*, 228–42.

49. Howlin, P. (2008). Can children with autism spectrum disorders be helped to acquire a theory of mind? *Revista de Logopedia, Foniatria y Audiologia, 28*, 74–89.

後記

　　超過 40 年的心理學研究已經證明「心智理論」在兒童發展中的重要性。因為這個語詞已經很成熟，所以本書予以保留，儘管如此，我們仍使用淺顯易懂的語詞「心智解讀」。這不是一個理想的語詞，因為它帶有一些關於心靈感應的超自然內涵！「心智解讀」或「心智理論」實際上是非常普通的，指的是我們所有人每天都使用的技能，例如一個人正在想像另一人也在思考或感受到的事物。

　　當一個典型發展的孩童從事心智解讀時，會變得較容易理解其他人的行為。當自閉症光譜障礙孩童想像另一人的想法和感受有困難時，對於其他人的行為會讓他變得困惑、難以預測，甚至可能成為焦慮的來源。本書主要的目的是提供實用的教材給教師、治療師與家長，以鼓勵自閉症光譜障礙孩童透過「想法泡泡」的漫畫框讓他人的心智可見，從而去想像他人的想法和感受。

　　心理學研究通常關注在生命前幾年的心智理論或心智解讀的重要性。近期許多研究認為，心智理論從孩童期到成人期是呈現微調的狀態，並且所有年齡層的更多進階心智理論技巧與社交能力指標皆具有關聯性。

　　大量研究一致發現，自閉症光譜障礙者表現出難以理解他人對世界的心智狀態是與自己不同的，而且有時是錯誤的，並且心智狀態與行為具有關聯性。

　　這本工作手冊旨在提供資源給臨床環境或從事與自閉症光譜障礙者工

《教導自閉症光譜障礙者心智解讀：工作手冊》
Teaching Children with Autism to Mind-Read: The Workbook. First Edition.
Julie A. Hadwin、Patricia Howlin 與 Simon Baron-Cohen 著
王淑娟、賴珮如、胡書維譯
© 2015 John Wiley & Sons, Ltd. Published 2015 by John Wiley & Sons, Ltd.
© 2019 心理出版社股份有限公司

作的繁忙專業人員，以獲得與促進心智狀態的教學。其具體目標之提供是
透過遵循明確發展進程的結構化教材，增進自閉症光譜障礙孩童和青少年
對心智狀態理解的使用機會。它遵循一個五階段結構（概述在《心智解讀：
自閉症光譜障礙者之教學實用手冊》一書中已呈現）去探索不同觀點的理
解並思考不同的心智狀態。本工作手冊的練習範例，著重於發展心智理論
主要的「建構元件」（building blocks），以提供故事範例來連結欲理解他
人的知覺、知識與信念，及這些因素對於他人行為的影響。在本工作手冊
中增加一個第六階段，旨在鼓勵關於思考嵌入式信念的技巧發展（後設思
考或嚴格地來說可被稱為「次級心智理論」）。

　　本工作手冊起源於理論與認知之發展性研究，同時亦建立於那些旨在
改善自閉症光譜障礙個案心智理論技巧且已出版之著作。為了提升心智理
論能力，已設計好之課程可立即使用，這些課程宜每天進行，通常很短的
時間內（一至兩週）可完成。事實上，本書與其他不同的研究相似，皆對
於其他人的心智狀態以圖片、想法泡泡或照片來做描繪。除此之外，許多
研究亦採用不同的媒體來教導心智理論，包括電腦、故事或基於視頻的方
法，或真實生活中的人物，以及各種教學技巧，包括矯正性回饋、零錯誤
學習法和示範教學。

　　在所有的研究中，心智理論教學首要目標是呈現能夠鼓勵自閉症光譜
障礙孩童思考社交情境的情節，這些社交情境需要考慮心智狀態且如何與
行動及情緒連結。在某些研究中，目標是從簡單的作業開始，然後進展到
概念上更困難的作業。使用這個策略，數個研究顯示出心智理論教學可以
幫助自閉症光譜障礙孩童學習其他人的心智，並能夠將技巧類化到那些未
曾被教導過的新奇作業。特別重要的是，一些研究指出孩童的語言能力也
許可以鞏固改善，或區分出接收訓練後受益或深或淺的個案。

　　雖然這個研究的主體使得自閉症光譜障礙者更容易取獲心智理論，但
有幾點需要注意：首先，心智理論的教學效果經常只在一個簡短的教學計
畫後立即進行評估，很少有研究考慮過較長時間的教學。其次，很少有研

究試圖去衡量短期介入措施的影響是否隨著時間的推移而有變化。最後，想要去理解教學是否有更深遠影響，通常會被日後以故事為基礎之材料應用所限制。我們希望目前的這本工作手冊能夠鼓勵研究者去評估持續時間較長的介入措施，並衡量這些實作評量是否會影響個案在同儕團體與家庭中的行為，以及這些影響是否會隨著時間的推移而持續存在。

對於我們來說，身為作者將此工作手冊視為一個例證，即自閉症光譜障礙者的心智理論缺陷並非不可克服。採取心理狀態（聽起來很抽象、很有哲理，而且基本上是看不見的）並使其可見且以規則為基礎（透過使之間的聯繫明確，例如：**看到**即**知道**或者**情緒**與**信念**），意指教導社交技巧不僅僅侷限於表面行為的層次（例如：促使孩童看著臉部或者不要冒犯其他人的「個人空間」），而是可以更進入行為底下去教導孩童在別人心中可能發生的事情。

我們希望忙碌的教師和臨床工作者在面對那些他們試著幫助的個別孩童時，仍然有必要去調整本工作手冊中所提供的範例。他們可能需要將材料複印，可鼓勵孩童在圖畫中著色，或透過使用這個孩童熟悉的名稱來調整故事，以便於使故事與這個孩童相關。我們期待聽到臨床工作者、教育工作者和研究者以富有想像力和有趣的方式使用這些材料。

最後，我們承認透過這種形式教導一小部分心智狀態，也僅是教導「同情心」（empathy）方面時的一小部分。心智理論有時被認為是同情心的認知成分，這種認知成分可以擴展到情緒辨別的教導。在其他資源中，我們製作了DVD用來教導不同年齡層的自閉症光譜障礙者情緒辨別。其中之一是「心智解讀 DVD」（*Mindreading* DVD; www.jkp.com/mindreading），它使用小測驗、遊戲和結構化學習讓自閉症光譜障礙者有機會在人物的臉上或從人物的聲音中學習完整人類情感表達。另一張DVD是專門針對自閉症光譜障礙的學齡前孩童，被稱為 *The Transporters*（www.thetransporters.com），它將真實人臉的視頻片段放到動畫交通工具上（例如：火車、電車、拖曳機、纜車），以善用自閉症光譜障礙幼兒對機械物體的強烈迷戀，來吸引他們對看臉的興趣。

正如同其他類型之特定障礙孩童（例如：閱讀障礙）有量身訂做的教學材料以設法避免孩童遭遇困難，我們希望推出這本工作手冊來作為致力於產出實用材料之一部分（透過精心設計的「治療試驗」進行評估），以利教導自閉症光譜障礙孩童心智解讀。

國家圖書館出版品預行編目（CIP）資料

教導自閉症光譜障礙者心智解讀：工作手冊 / Julie A. Hadwin, Patricia
Howlin, Simon Baron-Cohen 著；王淑娟，賴珮如，胡書維譯.
-- 初版. -- 新北市：心理，2019.06
面； 公分. --（障礙教育系列；63155）
譯自：Teaching children with autism to mind-read: the workbook
ISBN 978-986-191-870-9（平裝）

1.特殊兒童教育 2.自閉症 3.心智發展

529.6   108008372

障礙教育系列 63155

教導自閉症光譜障礙者心智解讀：工作手冊

作　　者：Julie A. Hadwin、Patricia Howlin 與 Simon Baron-Cohen
譯　　者：王淑娟、賴珮如、胡書維
執行編輯：陳文玲
總　編　輯：林敬堯
發　行　人：洪有義
出　版　者：心理出版社股份有限公司
地　　址：231026 新北市新店區光明街 288 號 7 樓
電　　話：(02) 29150566
傳　　真：(02) 29152928
郵撥帳號：19293172　心理出版社股份有限公司
網　　址：https://www.psy.com.tw
電子信箱：psychoco@ms15.hinet.net
排　版　者：辰皓國際出版製作有限公司
印　刷　者：辰皓國際出版製作有限公司
初版一刷：2019 年 6 月
初版二刷：2022 年 8 月
I S B N：978-986-191-870-9
定　　價：新台幣 200 元